摩根传

李慧君◎著

时代文艺出版社

图书在版编目（CIP）数据

摩根传 / 李慧君著. 一长春：时代文艺出版社，2012.4（2023.7重印）
（世界商业名人传记丛书）

ISBN 978-7-5387-3922-0

Ⅰ.①摩… Ⅱ.①李… Ⅲ.①摩根，J.P.（1837～1913）－传记 Ⅳ.①K837.125.34

中国版本图书馆CIP数据核字（2011）第272864号

出 品 人　陈　琛
责任编辑　刘瑀婷
助理编辑　史　航
装帧设计　孙　利
排版制作　隋淑凤

摩根传

李慧君　著

出版发行 / 时代文艺出版社
地址 / 长春市福祉大路5788号　龙腾国际大厦A座15层　邮编 / 130118
总编办 / 0431-81629751　发行部 / 0431-81629755
官方微博 / weibo.com / tlapress　天猫旗舰店 / sdwycbsgf.tmall.com
印刷 / 北京市一鑫印务有限公司
开本 / 710mm×1000mm　1 / 16　字数 / 162千字　印张 / 12
版次 / 2013年1月第1版　印次 / 2023年7月第3次印刷　定价 / 36.00元

图书如有印装错误　请寄回印厂调换

目录

摩根传

　　一个世纪以前，摩根家族的第三代掌门人约翰·皮尔庞特·摩根像巨人一样支配着整个金融世界。作为创建通用电气公司、美国钢铁公司以及地域广泛的铁路帝国的幕后策划人，在整整几十年里，他保持着美国民间核心银行家的地位。华尔街23号，成为影响着世界经济政治格局的"晴雨表"。

　　约翰·皮尔庞特·摩根作为近代美国金融史上闻名遐迩的金融巨头，他一生完成了太多影响深远的事情，但最辉煌也最能展示他实力的是，在其半退休之际，几乎以一己之力拯救了1907年的美国金融危机。已是风烛残年的摩根，只是凭借着糖块、消炎药剂以及雪茄的支撑，便将1907年一场席卷全美的金融危机消弭于无形。即便是执著于反托拉斯政策的美国总统西奥多·罗斯福，也不得不在摩根财团面前低下高傲的头。

到19世纪80年代，皮尔庞特·摩根正式掌权摩根财团并将总部迁到纽约。摩根不仅精通金融业务，而且还是一位资产重组高手。他主持建立的全美垄断性钢铁公司，奠定了其成为美国世界霸主的物质基础；重组了当时美国过度发展的铁路系统，并使它重新正常运行起来，而不再被指责为是一个浪费资金的行业；对海洋运输投入大量资金与精力，组建了一个行业卡特尔。就连拯救美国危难之中的金本位制度，也被写进了摩根的功劳册上。皮尔庞特·摩根被誉为现代资本主义的鼻祖。

通过组合一系列的金融资本与工业资本，摩根财团发展成为一个巨大的金融帝国。19世纪后期，美国几乎所有的大型融资活动都是由摩根财团牵头组织。利用股权信托方式，摩根拥有了银行业发展史上前所未有的垄断权力。银行家突破了仅仅为客户提供资金和建议的局限，直接地介入了公司内部的经营领导层，金融和工业之间原有的界限被模糊到了一个危险的境地。华尔街成了美国的经济领导，而皮尔庞特·摩根就是那里高高在上的帝王。

华尔街之所以发展成为当今世界金融中心，摩根家族功不可没。可以说摩根家族的成功，为华尔街成功提供了契机，也是华尔街成功的缩影。摩根家族创立的"摩根化的经营管理体制"至今仍根深蒂固地统治和影响着华尔街的一切。在摩根家族励精图治、披荆斩棘、不断创造经济神话发展史的过程中，皮尔庞特·摩根无疑具有决定性的作用，他不仅是摩根家族而且是华尔街的基石。

作为开创华尔街新纪元的金融业巨子，皮尔庞特·摩根一生都在追求金钱中度过，他赚的美元不下百亿，但他死后所有遗产只有8000万美元。他从投机起家，却对投机牟利者深恶痛绝，对投机者予以毫不留情的打击，并针对华尔街的这一弊端成功地加以改造，造就了符合时代发展要求的经营管理体制。他为聚敛财富而不择手段，又对致力于改善贫民生活的人予以资助。他的经营思想与战略，反映和体现了资本主义经济从幼年迈向壮年的历程。他成功的经营战略，至今继续影响着华尔街。

摩根财团的早期历史记录了空前绝后的垄断时代，今后再也不会出现能像摩根财团那样神秘、强大且富裕的银行。大笔的财产、丰富的艺术收藏、豪华的远洋游艇以及与国家元首们摩肩接踵、自视为君主的银行家们，所有的这一切，都从我们的视野中消失了。

而19世纪末，皮尔庞特·摩根则凭借一己之力肩负起了时代赋予的使命。他的经历无法被复制，一个世纪后的今天，历史产生了距离感，方使我们具备了更加客观地认识摩根的可能。

第一章　少年摩根

1. 摩根家族

美国康涅狄格州首府哈特福德位于康涅狄格河西岸，面积约46.5平方公里，人口约13.9万，风景优美，绿草如茵。哈特福德城金融发达，个人收入荣居全美首位。

康涅狄格河和派克河汇合处原来是一片橡树林，荷兰后裔最早从纽约迁到这里。

1633年左右，因为波士顿长老提倡政教分离，北面马萨诸塞州的英国人与之发生冲突后，也迁移至此，并建造了首座基督教堂。

这些英籍移民的进步思想在马萨诸塞州受到贵族社会的抵制，他们到康州后便开始草拟"宪法"。1638年，在一棵橡树下，托马斯·霍克牧师完成了"康州基本法"，使康涅狄格州成为"宪法之州"。

后来，新英格兰的美国人离开康州，西迁至五大湖和宾西法尼亚一带。爱尔兰、德国、波兰、北欧、捷克的移民和犹太人等，相继迁移到此。康州人引以为豪的不仅是宪法，还有它那无人企及的文明程度。如1640年，康州设立第一座公立小学；克伦威尔号军舰在这里举行下水典礼仪式；首先使用了电话交换机、麻醉药等。独立战争期间，哈特福德成了著名的"兵工厂"。

迈尔斯是摩根家族在美国的第一代人，他乘"五月花"号在普利茅斯登陆16年之后，由威尔士迁移到马萨诸塞州斯普林菲尔德市。迈尔斯依靠经营农场和与印第安人打仗而发财致富，为摩根家族积累了大片土地。在美国革命时期，他的后代约瑟夫·摩根曾和华盛顿将军的军队对抗。

1817年，约瑟夫将马萨诸塞州的西斯普林菲尔德农场卖掉，转移到康涅狄格州的哈特福德市，这里就变成了摩根家族的故乡。

约瑟夫最初经营一家规模不大的咖啡馆，叫交通咖啡馆，同时还捎带卖些旅行用品。苦心经营了一些时日，逐渐赚了些钱，1829年盖了座大旅馆——城市旅馆。并买了运河和铁路的股票，成为汽船业和地方铁路的股东。但最终使他赚了大钱开始发家致富的是保险业。

1835年，约瑟夫投资了一家叫做埃特纳火灾的小型保险公司。1835年12月，纽约华尔街地区的一场特大火灾烧毁了六百多座建筑物，约瑟夫由此发了一笔横财。作为埃特纳的创始人，他坚持让公司尽快赔付给客户，甚至不惜全数购入那些不愿偿付的投资者所持的股本。约瑟夫·摩根以他的行动为公司在华尔街赢得了良好的声誉，"信用可靠的埃特纳火灾保险"在纽约声名大振。后来，公司的保险金提高到原来的3倍。

这次火灾后，约瑟夫净赚15万美元。

在做商人这方面摩根的后辈子孙如出一辙，都像他一样诚实守信。

约翰·皮尔庞特·摩根（J.P.摩根）的父亲吉诺斯到波士顿的商行当学徒时，年仅16岁。约瑟夫退休后，出资5万美元买下了哈特福德的干菜店，当时吉诺斯23岁。就在干菜批发店开张的那一年，吉诺斯娶了皮尔庞特家的女儿。

1837年4月17日，在亡命者街的一所住宅里，约翰·皮尔庞特·摩根呱呱坠地了。

吉诺斯的夫人带着儿子到霍利斯大街教堂，让她父亲给外孙做洗礼。这个孩子名字太长，因此也改过好几次名字，在家人所写的日记及信函里，"吉诺斯的孩子"、"吉诺斯的宝贝"、"摩根先生"、"J.P.阁下"这些称呼都是指约翰·皮尔庞特·摩根。他父母亲昵地称他为"巴布"，同学则称呼他为"皮尔庞特"。

摩根出生不久后，他的父亲吉诺斯就卖掉旧房子，重新在一片荒地中建起一幢豪华新居。这幢豪华宅子的周围不久就迅速发展起来，形成保险业和金融业都十分发达的维明顿街。

童年的摩根身体很差，只要天气不好就会受到病痛的侵袭。1838年2月，出生后不到10个月的摩根就得了痉挛，一直持续到秋天病情才逐渐有了起色。

幼年的摩根很多时间是跟他的外祖父（母）一起生活，在他们写给吉诺斯的信中提道："皮尔庞特（对摩根的昵称）很乖，一点也不淘气，像个大人似的。"

1844年，他母亲又生了一个女孩，取名玛丽·莱曼。1846年，他又有了一个弟弟——小吉诺斯·斯潘塞。

摩根的外祖父是波士顿的牧师，他坚信自己所宣讲的教义，同时还是个热情的诗人，狂热地主张废除农奴制和实行社会改革。后来摩根会不顾一切地和"病床新娘"咪咪结婚，还带她到阿尔及尔疗养治病，那一股子热情大约是从他外祖父那儿遗传下来的吧！

2. 少年的求学时代

1846年秋，刚刚9岁的摩根就已成长为一个严肃而且稳重的男孩，他继承了父亲一样深棕色的头发，浅褐色的眼睛，炯炯有神的目光，充满了自信，并开始就读于切希尔的圣公会教会学校。

3个月后，由于爷爷约瑟夫生病，摩根回到了家里。过了圣诞节后，他被送到了帕维林家庭寄宿学校读书，学校位于哈特福德市郊。

1947年4月初，约瑟夫在日记里写道："人生就像是一场赛跑，而我的比赛快要结束了。"一直到6月底，他还去农场干农活，7月23日，逝世。

摩根一共读过8所学校，帕维林家庭寄宿学校是他就读的第二所学校，在这里他待了将近2年。

1848年，摩根转学到哈特福德公立学校。同学们这样描述他："在生活中总是很随意，看起来就像一只小动物，而且总是不吸取经验教训。"

有一次，因为开玩笑摩根被老师赶出教室，这件事对他打击很大，甚至于他给老师写了一封抗议书，而信封署名是"一个受到迫害的学生"。

在哈德福德公立学校，他和他的表哥詹姆斯·吉诺斯·古德温是死党，古德温比他高两年级，父亲是康涅狄格州互惠人寿保险公司的总裁。这两个死党在空闲时经常到附近的德雷帕学校偷看女学生，还会经常地送花、糖或者小纸条给那些认识的女孩子。偶尔，摩根也会爬到学校附近的一棵大树上，跟3楼的女孩子聊天。在几年以后，他在和古德温回忆时说，在他们让那些女孩子挨了好多训斥以后，那些女孩子依然喜欢他们的所作所为，真是令人奇怪。

吉诺斯对儿子的教育非常重视，投入了巨大的精力，特别是品德教育方面，如勤奋、稳重、诚实、简朴。同时，吉诺斯不断给儿子换学校，还经常带儿子参加自己公司的活动，让他学习历史、伟人、商业各方面的知识，这些都对摩根的成长起到了积极的作用。

1850年吉诺斯到了英国，这时他已经是马瑟—摩根公司的高级合伙人，他把这次欧洲之行的见闻都详细地讲述给摩根听。回到美国后，他退出马瑟—摩根公司，加入波士顿一家进出口批发公司，毕比—摩根公司在1851年1月1日正式营业。

1851年9月，摩根通过了波士顿英语中学的入学考试。这所学校以注重数学教学闻名，为年轻人进入商界准备了条件。几天后，摩根发现他开始喜欢这所学校。第一学期，他在班上33人中排第11名，品德还获得"优秀"。

在摩根当时写的《入学有感》中写道："无论如何，我都要有自己的想法和行动……在这所学校里，我必须培养良好的品行，因为没有谁会想要一个既没有良好的办事能力，也没有绅士风度，还没有认真的敬业精神的职员"。

在《论勤奋》里他说："这也许是一种最重要的品德，有了它，即使是最贫困的人，也有能力获得财富和受人尊敬的地位。"

摩根搬到波士顿后，和表哥古德温一直保持书信联系，还成立了一个玩笑式的公司"古德温—摩根贸易公司"。他在波士顿购买到鞋子、版画、书籍等小东西后，不赚钱转卖给表哥。作为交换，他仅要求古德温给他提供哈特福德和德雷帕女子学校的情况。

此时，他已表现出敏锐的商业洞察力：波士顿到纽约的路程比从哈特福德到纽约的路程远两倍，前者的火车票两美元，而后者价格却要贵得多。

1952年春，摩根患风湿热病，大腿和膝盖有炎症，连正常出行都成问题，所以大部分时间只能待在家里，"古德温—摩根贸易公司"的业务也中断了。

到年底，摩根的身体还是很虚弱，于是他的父母决定让他"痛痛快快地换换新鲜空气"，11月，摩根乘坐"爱奥号"离开自己波士顿的家，开始了亚速尔群岛的阳光休养，这时他15岁。

亚速尔群岛是葡萄牙西海岸900多英里处的3个岛屿群。即使是冬天，亚速尔群岛依然阳光普照，气温在12℃～21℃之间，花园里开满了鲜花，有绣球、杜鹃花、日本山茶花。

圣诞节的时候，摩根把当地产的橘子和葡萄酒寄给家里，并且盼望着"每年都光顾彭伯顿广场（位于亚特兰大市）的圣诞老人别遗忘了我"。

随着身体健康状况的逐渐恢复，摩根开始到港口去研究船只，船只主人、船上装载的货物、航行速度以及船只的维修，这些情况他都想了解，不仅出于他一贯地对商业和运输业的兴趣，还因为摩根热切盼望着这些船队给他带来家乡的消息。

每当有船进港，摩根都跑去询问寄给他的邮件。12月中旬，他让"爱奥号"捎回去一大叠信，他伤心地写道："哦！我是多么焦急地盼望她返航啊！"他离开波士顿7个星期后，终于收到了家里的第一封信。那天正好是圣诞节，他把这封信当做一份非常美妙的圣诞礼物，并觉得"非常幸福……真的"。

不知道父母为什么没给他多写一些信。有些时候，没有及时收到回信是因为天气和交通运输方面的一些特殊原因。19世纪50年代，邮轮正被大型轮船逐渐取代，而且大部分美国的邮件需要先到英国再转送到那里。也许还有别的原因，那就是他的父母觉得，应该培养摩根独立生活的能力。

摩根努力用台球、惠斯特纸牌（早期起源于英国的一种纸牌游戏，后来演变成惠斯特桥牌）、读书及写信来打发时光。偶尔，他也参加一些葡萄牙人的仪式和舞会，但是他对当地人没什么好印象："这里的人太穷困了，他们特别懒惰……"正像他所受的教育那样，如果勤奋和开拓能带来繁荣，那么，穷困的境遇只能责怪自己没有很好地努力。

在那个亚热带小岛上生活了4个月之后，他恢复了健康。他给家里人写信："现在，我和其他人一样走得很快"，"我来这里的任务已经完成，我想我可以回家了"。最后他的父母也一致认为他的病已经好了。然而却没有把他接回美国，而是安排他到英国去。在那里，他将开启一段新的人生旅程。

1853年4月15日，摩根登上了"大西方号"，几天以后抵达伦敦。也正是在这艘船上，他度过了16岁的生日。在伦敦，他走访了著名的劳埃德保险公司，参观了白金汉宫、威斯敏斯特大教堂、阿普斯里大厦、海德公园、国会上议院。

4月底，在曼彻斯特他见到了他的父母并一起参观了斯特拉福德（莎士比亚故居位于此地）、奥里克古堡、牛津大学。5月中旬，一家三口动身去了伦敦。

吉诺斯和摩根还参观了英格兰银行。英格兰银行是当时世界上顶级的金融机构，银行是18世纪末由约翰·索恩爵士设计建造的。当晚，摩根在日记里写道："我就像拥有了100万英镑。"

在欧洲的3个月时间里，他们先后在英国、比利时、德国、法国、爱尔兰旅行。还见到了普鲁士国王弗里德里克·威廉四世、拿破仑三世和他的皇后尤金妮亚、维多利亚女王和她的丈夫阿尔伯特亲王。7月份，在摩根离开家9个月后，他们乘船返回美国。

摩根继续到波士顿英语中学去上课。由于他已经耽误了一年的课程，所以，他说："我得特别努力，才能跟上进度。"

1854年夏，他写了毕业论文，尽管他的父母给他提供了许多英雄榜样——乔治·华盛顿、威灵顿公爵等，然而在年轻的摩根看来，无论是美国独立战争之父还是著名的英国大公，都不如那位褒贬不一的科西嘉冒险家更有魅力。他选择的是评论拿破仑·波拿巴。

17岁的摩根在论文中多次提到拿破仑·波拿巴应有的历史地位。他指出，要评价一位复杂而充满争议的历史人物，必须有一个综合的尺度。

"在传记作者笔下，从来没有谁曾经被如此这般地评价过，无论是在普通人心中，还是在精心撰写的回忆录中，都是如此。""不管是史学家慷慨的赞美还是不分青红皂白的指责，都没有对拿破仑的勇敢与才能表示怀疑。当然，关于这位科西嘉人为何会发动欧洲战争这点上，许多专家也一直未达成一致的意见。"

而这正好预示了将来人们对他自己一生的评价。

在论文的最后，摩根高度地肯定了这位历史伟人："关于拿破仑的一生，在许多方面，人类的法庭要做出令所有人都满意的结论是不可能的""武断和憎恨是批评拿破仑的人的本质"，"时间将会修正历史上的好恶与偏差，关于拿破仑的动机，必将在许多年之后出现正确的结论。到那时，个人的憎恶和称许都将被湮没"。

3. 向伦敦迈进

一天晚上，吉诺斯正在城里一家餐馆用餐，这时进来一位英国式打扮、留着络腮胡子、约摸有40岁的绅士。那人向他走来，并跟他打招呼："吉诺斯先生吗？您好，我是乔治·皮博迪。"来人操着浓重的伦敦口音，态度非常和气、诚恳。

吉诺斯注视着这位比自己年长约20岁的绅士，有些不知所措，皮博迪的大名他早有耳闻。

皮博迪是有名的银行家，想找吉诺斯合伙，对此吉诺斯非常感激。他觉得尽管干菜批发店的生意越做越红火，但也只是小打小闹，比起皮博迪从事的国际性金融投资来，实在是小巫见大巫。

皮博迪的家乡在马萨诸塞州，小时候是个贫苦的农家子弟，11岁就开始在杂货店打杂。他在华盛顿的干菜批发店当过一段时间帮工，后来又跑到巴尔的摩，在那里他增长了许多见识。

当时，马里兰州财政危机严重，经济陷入崩溃边缘。皮博迪自告奋勇一个人前往伦敦，成功地卖掉了800万元州债。从此，皮博迪在伦敦金融界声名大振。那时，美国国债和州债大多是伦敦、巴黎的贵族购买。皮博迪在成功化解危机后还退还了马里兰州付给他的手续费，他在巴尔的摩一下子赢得了"爱国者"的美誉。

不久，马里兰州修建"西部铁路"时，把他作为债款的承兑人。1837年，即摩根诞生的那一年，皮博迪公司在伦敦正式成立，经营美国国债、州债、股票及国外汇兑等业务买卖。

皮博迪自己没有家室，因此他对自己的继承人有明确的要求：爱交际、有家室且有外贸经验的美国人。他的波士顿合伙人詹姆斯·毕比向他推荐了吉诺斯。

吉诺斯此时已经在毕比—摩根公司工作了3年。1853年5月，他带着自己的家人初次访问伦敦。

摩根身体虚弱却精神亢奋。当时，患风湿病刚好的他首次接触了英国文化，参观了白金汉宫和威斯敏斯特大教堂，在英格兰银行，他看到了价值百万英镑的金条，还去圣保罗大教堂聆听礼拜日讲道。

与此同时，他父亲与皮博迪谈论生意上的事。摩根发现这个人"讨人喜欢，却像烟雾一样影影绰绰"。总之，他认为皮博迪是个奇怪、可爱却又有点贪婪的老家伙。

皮博迪当时也没想到，他邀请吉诺斯参加自己的公司后开创的金融王朝将要超过罗斯柴尔德家族银行和巴林兄弟银行，当时这两家银行在世界金融界有着霸主一般的地位。

在美国的最后半年里，吉诺斯把先前的业务都做了了结，并准备搬家。摩根6月份从学校毕业后，也来帮着做些事情。他跃跃欲试，准备开始自己的职业生涯。但是吉诺斯却认为，他还应当先到欧洲学校去继续学习法语和德语。

9月初，摩根开始到亲戚朋友家道别。8月12日，波士顿的大商人们还为吉诺斯举行了告别晚宴，以表示他们的敬意。第二天一大早，吉诺斯一家乘船前往伦敦。

10月2日，乔治·皮博迪公司正式宣布和波士顿的吉诺斯结成合伙人关系。

摩根这一天日记写道："父亲在伦敦开始了他的业务。"公司启动资金45万英镑（约合225万美元），其中皮博迪占40万、吉诺斯4万，还有一个英国合伙人（吉尔斯·丘比特·古奇）1万。每个人可以按自己的股本分得5%的利息，吉诺斯每年另外还有2500英镑的社交费用。

同年秋，公司迁到老宽街22号。

前往伦敦时，吉诺斯家一共有5个孩子：老大摩根17岁，下面还有4个弟妹：莎拉（15岁）、玛莉（10岁）、小吉诺斯（8岁）和朱丽叶（7岁）。

吉诺斯在格罗伊特广场（海德公园北面）租了一套房子，摩根开始带着弟弟妹妹们去逛伦敦城。不久，两个女孩莎拉和玛丽就到一所寄宿学校去读书，而8岁的小吉诺斯则进了特威肯奥姆的一所学校。当然，吉诺斯也为摩根选了一所瑞士学校，学校在日内瓦湖畔，离维卫不远。

4. 游学欧洲

1854年11月1日，17岁的摩根怀着难以言表的心情离开伦敦前往欧洲大陆。他既对推迟步入职业生涯而烦躁，同时也为即将开启的新生活兴奋不已。

在摩根入学的时候，贝勒利乌学校共有85名学生，其中有很多英国人和美国人。

然而不久，校长就接连通知他父亲，他告诉吉诺斯，摩根总是和学校生活格格不入，"他自我调整特别慢"，"什么事情都拿来开玩笑，他还吸烟……在课堂上安静不下来……熄灯以后还常常讲话……表现不怎么好，还顶嘴……闷闷不乐。他的脾气大得吓人"。

接着，摩根又开始被健康问题所困扰。他经常生病卧床，嗓子疼，或者肺热。他对父母抱怨道："只要还在这里一天，我就别指望会有所好转。"

不久，他就从集体宿舍搬到了通往夏兰古堡的公路边的一座小屋中，后来这所房子成了美国学生在维卫的活动场所。他把同学们的生活费集中在一起，组织美国学生们一起玩惠斯特纸牌、桌球、溜冰、滑雪、划船、旅行、吃香肠、喝香槟，当然也包括吸烟，他们一起看美国报纸，偶尔也研究一些学问方面的事情。

1855年8月，他利用假期到巴黎与家人团聚。"我觉得自己被全家强迫着，必须讲很多很多的话。"

假期之后，他回到贝勒利乌继续提升自己的法语水平。到了秋季，他的成绩在班里排名第一。

他研究《埃涅伊特》（古罗马诗人维吉尔写的一部史诗）、《路易十六》，还阅读法文版的《鲁滨孙漂流记》，把《塞维格妮太太》译成德文，并把一些格言用3种语言写出来，这些格言反映了他在大西洋彼岸所受的教育和启迪："劳动就有收益，光动嘴只能获得贫困。""财富是加在智慧的人头上的桂冠，留给愚笨人的只能是蠢行。"

值得一提的是，他在数学方面具有很强的能力，给所有的人留下了深刻的印象。有位同学回忆说，摩根具有不用纸笔光用头脑计算出立方根的能力。

吉诺斯告诫摩根，要和正派的人进行交往。摩根接受父亲的劝告，参加了"维卫青年联谊会"，并且参与组织了一系列的交谊舞会。

在维卫的那段时间里，摩根以美国人独有的视角，审视着克里米亚战争（1853年10月20日因争夺巴尔干半岛的控制权而在欧洲爆发的一场战争，土耳其、英国、法国、撒丁王国等先后向俄国宣战，战争一直持续到1856年，以俄国的失败而告终）的情况。他认为，欧洲的帝国主义应当限制在大西洋东岸，而不要干涉美国的新兴扩张主义。

1856年，吉诺斯相信儿子已经能够非常流利地使用法语了，于是决定将摩根送到德国哥廷根大学继续提高德语水平。

6月，摩根来到了哥廷根。哥廷根位于汉诺威以南，是一座大学城，它是德国最大的也是最优秀的一所大学。

哥廷根大学的乔治·奥古斯都皇家学院是由英王乔治二世（德国汉诺威王朝乔治一世之子）创办的。该校不但教授阵容强大，而且学生也是来自各国的优秀人才，在历史上该校数学和自然科学一向是世界闻名的。当时欧洲几位著名的教授（包括弗里德里克·沃勒尔）也在这里。

德国首相俾斯麦曾在1832—1835年就读于哥廷根大学，比摩根早了20多年。

哥廷根大学的学生大体上分两类：一类是公费学生，另一类是进修学生。摩根跟哪类同学都相处融洽，他跟沃勒尔教授学习高等三角学和化学，除此之外，他每天都上德语课，利用空闲时间打保龄球、桌球，听花园音乐会、歌剧，参加啤酒节，学剑术及参加舞会。

下课之后，他常与英、法、德各国的同学一起沿着莱茵河畔漫步，畅谈自己的理想。不同国家的同学一起和睦相处，让人有一种"四海一家"的感觉。

摩根觉得德语很难学，尽管如此，他还是发誓要尽快掌握它。他在给吉姆的信中说："学习一种语言的最好途径是跟女孩子进行交谈，尤其是有漂亮女孩给你纠正错误。"

摩根在6个月的时间里掌握了德语。然而吉诺斯却要他在欧洲再过一个冬季。1956年8月，摩根返回了处于伦敦王子门街14号的家。

摩根发觉母亲的健康很糟糕，一副即将崩溃的状态。

对于吉诺斯来说，跨越大洋到英国发展是件好事，他的全部精力都投入到了工作当中，整天忙碌于公司事务及社交活动，而对家庭关注不够。

朱丽叶的心情压抑，身体状况也每况愈下。对她而言，因为身处异国他乡没有一个知音，以前充满着亲情和友情的世界不在了，再加上英国人因循守旧，挤兑外来的美国人，丈夫又整天忙于工作，4个孩子也都在遥远的地方读书，自己也没有什么兴趣爱好，所以朱丽叶老是觉得茫然而无所适从。

9月份，朱丽叶决定独自返回美国度过冬季，把丈夫、孩子和自己的种种不适都统统抛到伦敦和脑后。

这段时间，摩根每天早晨在海德公园骑马，下午则到皮博迪公司去整理公司那些陈旧的商业往来文件。

皮博迪公司的主要业务是为客户买卖美国债券，提供经纪业务和综合银行业务，公司本身还开展贸易业务，也同时促进发展一些有潜力和前景的新兴企业。

1856年7月，乔治·皮博迪公司同意支持一家跨大西洋的电缆公司，最终在1866年7月电缆铺设成功，电报公司重组后称为盎格鲁——美利坚电报公司。横贯大西洋的电缆使美国与欧洲之间的通信在几分钟内就能完成，而不是几个星期甚至更长，它改变了人们的工作和生活方式。

更重要的是，在1866年后，像皮博迪和摩根一样的金融家能够快速进入和退出市场，外币交易也容易多了，而且金融家们也可以预计国际新闻带来的种种效应。正是由于皮博迪公司为这个雄心勃勃的事业提供了资金支持，所以不仅有机会获得重要信息，也获得了特殊地位和商业利润。

1856年10月，摩根回到哥廷根继续学习。感到寂寞的他参加了学生组织——"汉诺维拉"，不久，在给家人的信中出现了"星期六晚餐"、"星期三纸牌之夜"，还有舞会之类的语句，可见在哥廷根的最后几个月，摩根生活得还是蛮惬意的。在这里，他还学会了吸"俾斯麦烟管"。

1857年上半年，摩根终于完成了学业，此时的他已能够流利地使用法语和德语。

有位教授想挽留他继续从事数学研究，摩根心里却是对商业充满了渴望。他写信给吉姆说："到世界各地去游历和观光真是令人愉快，但是，我已经很久没有安定下来了，我要计划和安排好自己将来的生活，也好使我将来回到家里的时候，不会感到难为情。此外我也是急着准备去工作呢。"

吉诺斯本来计划摩根毕业后让他去中国发展的，但事情偏偏不遂人愿，春天到来后，咳嗽和胸痛导致摩根再次病倒。在写给吉姆的信中，吉诺斯不无抱怨："把我给他订定的计划全都打乱了，我真不知道什么时候他才能独立起来。"

6月，吉姆从大西洋彼岸也来到欧洲，准备接受外国教育。由于表兄弟已经3年没有见面了，于是摩根给吉姆当向导，陪他在欧洲各地游历。

1857年，美国已经从经济萧条中完全恢复了，商业尤其是铁路业迅猛增长。华尔街成为这次资本增长的中心，铁路债券市场的强劲增长势头使得纽约股票交易所的交易和投资数量激增，在一个星期内的股票交易量达到100万股，是20年前的1000倍之多。铁路债券市场的繁荣使许多投资公司开始专门为铁路资金提供理财服务，而邓肯—舍曼公司则是其中的佼佼者。

邓肯—舍曼公司有位高级合伙人叫威廉·奥茨·舍曼，1857年他正好在英国，经常打电话给吉诺斯。他在写给皮博迪的信中这样称赞吉诺斯："您真是幸运，要不就是您的深谋远虑，否则又怎么能找到这样一位人物作为您的合伙人呢？我真不知道在哪还能找到比他更优秀的人。"

从1851年邓肯—舍曼公司成立以来，皮博迪一直以赞赏的目光关注着这家公司。1854年皮博迪同吉诺斯谈话中曾这样评价："我看好这家公司，他们有足够的资本、能力及庞大的企业，将来一定能够成功经营一家大型金融企业。它在美国几乎是唯一的。"

他对邓肯和舍曼承诺，他们可以在自己的公司获得无限制的信贷。皮博迪还考虑委托邓肯—舍曼公司代理其在美国的事务。

然而在1857年，美国资本市场空前繁荣，邓肯和舍曼不甘心充当皮博迪公司的代理，恰恰相反，他们想要皮博迪公司成为他们在伦敦的代理。于是1857年7月，吉诺斯和舍曼协商后，两个公司加强了各方面之间的合作联系。

1836年经济萧条的时候，吉诺斯离开华尔街到伦敦谋求发展，然而他一直希望能够重返纽约。20年前他放弃了在华尔街发财的梦想，现在他把希望寄托在儿子身上。于是他决定让摩根去邓肯—舍曼公司当一个不领薪水的办事员，让儿子在美国金融业务中得到锻炼。

7月底，在舍曼夫妇的陪同下，摩根乘船前往美国。

临行，吉诺斯交给儿子一张便条，叮嘱摩根："我希望你能够认识到，你现在正在迈出关键的一步，它将对你以后的生活有巨大的影响。你自己保重，要好自为之。代我向舍曼夫妇问好，后会有期。上帝祝福你，关爱你的父亲会一直为你祈祷。"

5. 危机中成长

最早到纽约定居的是荷兰人，后来陆续有法国人、英国人、德国人和犹太人。因此，在北美殖民地里，新阿姆斯特丹一直是最具文化多样性的城市。和波士顿、费城等地不同，纽约具有广泛的开放性，这里人口流动性大，充满活力，他们使用多种语言，同时拥有繁荣的商业市场。

对于外来移民而言，这里充满了梦想和机遇。成千上万的人来到纽约，包括移民、海盗、逃犯、赌徒、骗子、艺术家。随着纽约资本市场急速发展，华尔街正逐步成为世界金融的中心。

刚刚20岁的摩根，一到纽约就被那里的环境所吸引。

摩根和父亲合伙人的一个亲戚约瑟夫·皮博迪一起居住在西17大街45号，这里环境优美、安静，是纽约一流的社区。

每天早上，摩根乘坐马车或者步行去邓肯—舍曼公司上班。公司办公楼位于松树大街11号，在他办公室东侧就是1817年建成的纽约股票交易所，当时发行交易的股票包括40条铁路、10条运河、8家煤矿（矿业公司）、3家燃气灯公司、4家银行。在西面的街区还有当时华尔街最高的建筑——圣三一大教堂，高284英尺。

在邓肯—舍曼公司，摩根是不领薪水的，每个月他父亲给他200美元。

他的第一份工作是在联络部抄写信件。对此，吉诺斯也表示赞同："我相信只有在联络部才能接触到更多业务方面的信息。"在杰出的会计、合伙人查尔斯·达布尼的指导下，摩根还学习对分类账目进行评估，并试图解开混乱的美国银行体系的密码。

同时摩根还有一个不公开的职位，就是作为乔治·皮博迪公司在纽约方面的代理人，负责非正式的信贷审查工作，在纽约股票交易市场执行公司的指令，为公司客户及合伙人办理利息与分红，他还通过纽约至伦敦的轮船向他父亲传送美国的金融信息。

那个时候，伦敦的银行家完全是通过信件来获得美国的信息。吉诺斯写信给摩根："你在所有这些事情上表现出来的热情和做出的行动，使我非常高兴。做每一件事情，都应当保持着清醒与灵活的头脑，要跟其他人一样尽快获得这些信息并好好加以利用。你的迅速反应也使得皮博迪先生大为赞赏。"

让吉诺斯高兴的不是摩根在1857年从美国所传回的消息内容，而是消息传递的方式。此时距离1837年的大恐慌已经过去20年，经过这么长时间，人们早已把通货膨胀的危险忘记了。而吉诺斯并没有忘，那场风暴曾经使吉诺斯被迫离开华尔街。之后就是大恐慌和经济萧条，；当时的景象仍然历历在目。

在那奇迹般的年代里，铁路建设为美国运输打下了基础。铁路运输不同于海运和河运，它几乎可以到达任何地方，翻过高山、越过平原、穿过森林，而且不受气候条件的影响。

从大西洋沿岸人口密集的各州到五大洲地区，美国铺设了长达2.2万英里的轨道，从芝加哥到纽约只需3天的时间。铁路交通线以及随之发展起来的通信电报系统，正在使北美大陆成为一个经济整体，同时新兴的黄金市场、宽松的信贷、广袤的市场、丰厚的利润以及股票和土地领域疯狂的投机活动，都极大地刺激了19世纪50年代经济的腾飞。

1856年，随着克里米亚战争结束，俄罗斯的粮食重新进入欧洲市场，致使欧洲市场对美国产品的需求急速下滑。而此时，英格兰银行为了阻止资金向中国和印度外流，大幅提高短期贷款利率，同时撤回了美国的投资。外国投资者纷纷抛售美国债券，导致美国债券价格大幅下跌，而抵押担保的银行资产也相对贬值。

吉诺斯预言世界的金融市场将又一次遭受严峻考验："在暴风雨开始的时候，已经准备了雨具的人才是最智慧的人。"

1857年，即吉诺斯成为皮博迪合作伙伴后的第3年，吉诺斯所预言的风暴在10月开始发难。经济危机的风暴席卷华尔街，金融业一片混乱，情况十分严重。

安德鲁·杰克逊总统执政时，废除了联邦银行制度，仅保留州银行。由于"显然的天命"的扩张主义和加州金矿的发现，大批人口向西迁移，土地一下成为投资热门。各州银行不顾金融秩序，大量发放毫无信用而言的银行券，如同过度膨胀的气球必然会发生爆炸一样，一场经济风暴席卷而来。

前往西部拓荒的美国农民，当时每户年收入不足500美元，但居然不仅能买到成片的土地，而且还能购买昂贵的丝绸布料，大口大口地畅饮威士忌，在纽约证券交易所里面，大批证券掮客头戴黑礼帽，身穿皮背心，故意展现出一副派头十足的样子，大量购进国债、州债、或道路、运河的股份。同时，淘金热潮也席卷全美，所有人都梦想着一夜暴富。全部的美国国民都变成了赌徒。

俄亥俄州一个兼营人寿保险的保险公司已欠债达500万美元，被迫于1857年8月宣告破产。这就成了这次经济危机的导火线。到1857年底，已有900家银行和投资公司相继倒闭，这就是"1857年经济大恐慌"。

美国股票价格一跌再跌，铁路公司相继破产，银行要求还贷，而借贷方则无力偿还，银行和商业都难以为继，金融风暴迅速穿过大西洋波及伦敦。

由于有了准备，在10月7日，吉诺斯写信给正在旅行的皮博迪："我们现在很放松，也很有实力，并将持续下去。我们不会因为任何诱惑而放弃我们的最终底线，相信我们将获得最大的利益。"

同时他告诫摩根："你的商业生涯一开始就是多事之秋，就让你现在所见到的一切给你留下不可磨灭的印象吧。在发财致富的路上，有多少人都是因为急于求成而倒下了！每个年轻人都应当牢记这样的信条，即三思而后行。"

吉诺斯密切关注着英格兰银行的信贷动向，他注意到英格兰银行通过向信誉好的银行和商家贷出而控制住了英国的金融危机，而美国金融界则没有这样的领军人物。

随着皮博迪公司几家美国客户的破产，英国的债权人开始收回贷款。邓肯—舍曼公司的很多债务人也拖欠着他们公司许多债务，而他们又欠着皮博迪公司的债务。到11月份，皮博迪公司累计债务款项已达到230万英镑，合1150万美元。如果公司再不能从英格兰银行借款的话将不得不面临停业。

在纽约，奥茨·舍曼正在焦急等待着皮博迪公司的消息，报纸上开始盛传皮博迪公司已停止支付业务，挤兑人聚集在邓肯—舍曼公司。

由于迟迟收不到消息，舍曼派摩根到电报局查找，因为害怕被新闻界得知，摩根直接去了哈利法克斯——纽约电报局的建造者赛勒斯·菲尔德那里，并获得了好消息："皮博迪公司已经从银行收到800万并且一切顺利。"摩根带着这份电报迅速回到公司办公大楼。

在向新闻界发布一项声明后，挤兑风波终于过去了。实际上，英格兰银行对皮博迪公司的贷款为80万英镑，合400万美元。

摩根对舍曼先生没有及早让他去寻找那份电报而恼怒，如果能提前得知这个消息，那结果将会变得更好。这件事情使他的一个信念变得更加坚定了，这个信念就是凡是关键性的事情都必须亲力亲为。同时他也更为深刻地认识到了准确信息的价值所在。

1857年的恐慌给摩根留下了极其深刻的印象。

皮博迪公司从破产边缘擦肩而过，使得吉诺斯受到沉重打击，他告诉儿子说，他觉得自己的声誉和22年的辛苦近乎毁于一旦。摩根努力让父亲振作起来："看到您那边的经济恐慌对您的精神造成这么大的影响，感到非常难过。""华尔街方面认为，英格兰银行采取的行动是及时的，而且我确信，他们的目的是要使伦敦的金融公司得到巩固，而不是削弱。"

随着局面的扭转，到1857年底，也就是英格兰银行采取行动后的一个月，皮博迪公司230万英镑的债务总额已经有一大半获得抵消。到1858年3月，公司结清所有的银行贷款。这次经历让皮博迪公司心有余悸，而且更加小心谨慎，但是公司并没有因为这场风波而破产。在经历1857年、1858年的低谷后，利润不断回升。

尽管邓肯—舍曼公司的声誉损失较大，但也在不断恢复之中。到1858年4月，公司信贷业务也被评为"可靠而且是良好的"。

紧随1857年经济大恐慌之后，发生了经济萧条，位于美国东北地区的大城市损失尤为严重，近20万人忽然失业，其中光纽约就有4万人。社会动荡不安，新闻界指责华尔街应当对经济崩溃负责。

经济紧缩的情况一直持续到1858年底，此后美国经济开始了新一轮的扩张，铁路建设继续进行。1859年，返回美国的外国资本达到了2600万美元。商品出口也持续回升，大大加强了美国产品在国外的竞争力。

此时的摩根刚刚进入青年时期，尽管脸上还带着些许稚嫩，但是他已经开始步入纽约的上层社会。他具有大城市人的举止，能够熟练使用多种外语，着装也是欧洲款式。在他的第一本纽约通信录里，包括一些在纽约具有悠久传统的家族，但主要还是纽约市的大商人和银行业的精英。

6. 父亲的希冀

1858年3月，在美国已经18个月没见到自己丈夫的朱丽叶忽然收到一封令人不安的信。

小吉诺斯·斯潘塞在临近12岁生日的时候突然病倒了，而且病情严重。几个月以来，小吉诺斯一直觉得有一条腿疼，而且经常感到麻木。2月份时，医生发现他的髋关节已经感染，吉诺斯说："这个可怜的小家伙只能一动不动地躺在床上，换房间的时候，需要有人抱着他才行。"

接下来近一个月，小吉诺斯疼痛得更加厉害，身体也更加虚弱，吉诺斯一直守在儿子病床边。小吉诺斯只要稍微精神一点，吉诺斯就觉得非常高兴。

但是，这一切最终都失去了意义。3月12日的清晨，可怜的小吉诺斯还是离这个世界而去了。

晚上，疲惫不堪的吉诺斯写信给摩根："他那颗温顺的心灵飞逝而去，仿佛是进入了甜蜜的梦乡一般……可爱的小吉诺斯曾经给我们这个小家庭带来了无穷的欢乐啊，他就像是咱们家的一颗小童星。然而刹那间，这颗欢乐的小童星就远离我们而去了。"

当正准备前往伦敦的朱丽叶得知此噩耗时，整个人一下子崩溃了，并无限地推迟了返回英国的计划。

1858年3月，摩根被提升了，他不需要再在联络部工作（仍然不领取薪水），吉诺斯向他表示祝贺，在写给摩根的信中说："忠实于你自己和你的责任，在任何情况下，都不要做那些存在问题的事情，如果世界上所有的人都知道有问题的话。记住，上帝的眼睛在俯视着你，他查看你的一切行为，包括你所有的言语和举止，总有一天他要让你给出理由。"

吉诺斯认为，银行家掌握着大笔别人的钱财，必须远离一切可能的指责，他们的权威和专长必须毫不含糊地不受贪欲的玷污。作为这种超然行为的回馈，是在获得良好保护的市场上的工作自由。一个具有正直和诚实声望的人，将获得物质和道德的双重回报，而一个滥用职权、徇私舞弊的人一定会遭受损失。

吉诺斯对摩根寄予厚望："我就指望你了，我觉得你不会辜负我对你的期望。做事要聪明，考虑事情要周全，在心里你要牢记自己人生的宏伟目标。"

4月份摩根年满21岁时，吉诺斯再次告诫他："不要让追求成功或者积累财富的那种欲望引诱你，以致让你做出让自己后悔的行为。只要你自己感到满意，而且觉得上帝也赞许，你就会获得相当大的快乐，就是全世界的财富也比不上这种快乐。"

1859年9月，吉诺斯觉得儿子在邓肯—舍曼公司学习的时间已经够长了，于是让摩根辞去该公司的工作。

在邓肯—舍曼公司的两年里，摩根学到了很多关于生意的知识和技巧。

摩根天生聪颖，从父亲那里，他承袭了果断的性格；而他的母亲则给了他火一般的热情和文雅的举止。他是一个富家子弟，但他从不知道什么是温床，有的只是生活的磨砺。他锐利的目光，审视世界的神态，都显示出他绝非等闲之辈，也预示着他睥睨华尔街的光辉。而那个资本肆意扩张的时代，也注定成为摩根展示才华的大舞台。

第二章　摩根的新娘

1. 情窦初开

朱丽叶最终在1858年5月返回伦敦，而对婚姻已不再抱希望的吉诺斯则准备在秋天带着大女儿莎拉到美国去访问。

同年夏天，摩根在科策斯旅馆度周末。科策斯旅馆位于哈德逊河畔的西点军校附近，摩根到那里去看望奥斯本一家。

威廉·亨利·奥斯本是伊利诺伊中心铁路公司的总裁，从19世纪50年代起，皮博迪公司就为奥斯本的铁路公司债券进行担保。

奥斯本和妻子弗吉尼亚有两个孩子，他们家客人很多。其中一个人引起了摩根的注意，她名叫阿米尼亚，是弗吉尼亚的妹妹，并且摩根在前一年的夏天就已经在纽波特与她相识了。

摩根把阿米尼亚的名字叫成"咪咪"。她拥有着一种独特的气质，和活泼、和气、毫无做作的女性美。那年冬天，咪咪还在纽约选美舞会上荣获了美女皇后的桂冠。

咪咪的父亲是乔纳森·斯特奇斯，一开始他和别人一起合作从事食品批发生意，主要经营茶叶和咖啡的贸易，同时他还是纽约—纽黑文—哈特福德铁路公司的一位董事。

1850年后，乔纳森·斯特奇斯也像其他人一样，把资本投到了铁路建设领域，参与组建了伊利诺伊中心铁路公司。

在伊利诺伊中心铁路公司快要破产的时候，1855年，奥斯本出任公司新总裁，挽救了公司。此时，奥斯本已经娶了咪咪的姐姐弗吉尼亚。

在经济恐慌过后，摩根帮助奥斯本渡过了难关，这时，他和咪咪的关系更加密切了。

1858年夏，摩根可以经常看到咪咪。秋天，他还去看望了咪咪的父母。

1859年的2月2日，吉诺斯带着咪咪、莎拉及萨利·古德温乘坐"波斯号"离开美国到达伦敦。过了几个月，咪咪父母带着她的两个弟弟也来到伦敦，他们准备在欧洲进行一次较长时间的旅行。

斯特奇斯一家在欧洲旅行期间，摩根一直在纽约忙于工作。这时吉姆·古德温也完成欧洲的学业返回纽约。

在邓肯—舍曼公司无偿工作期间，他做了大量的日常事务，离开邓肯—舍曼公司后，摩根对自己的未来还没有明确的打算。而他父亲已为他的将来作了考虑，准备派给他点事。

12月下旬，皮博迪公司通知他去美国南部。他们同那里的银行、铁路公司及棉花商都有商业往来，需要了解这些合作伙伴的情况。同时，随着南北矛盾的愈演愈烈，吉诺斯也需要及时掌握那里的情况。

1860年1月，摩根在华盛顿参加了国会召开的一次会议。因为俄亥俄州共和党人约翰·舍曼积极反对蓄奴制度，在会议上，民主党极力阻挠提名他成为众议院议长，激烈的辩论一直持续了几个小时，甚至在众议院会议现场发生了打斗。

摩根看到那个场面，他说国会众议院是"一个让人感到羞耻的地方"。吉诺斯是一个联邦主义者，摩根同父亲一样，对内战的前景感到担忧和痛恨。他看到了美国民主制度存在的深刻危机，而美国人的道德和理想也是前途未卜。

在华盛顿的经历，让摩根对一切事情都感到大失所望。

2. 战争中的求婚

摩根来到里士满，那里的气候非常寒冷。波托马克河已经结冰，因此他经过了弗吉尼亚山区。

在北卡罗内州，摩根看到了成火车的奴隶。

在查尔斯顿，他遇到了皮博迪公司的一位地区代理，叫H.W.康纳，他们一起交流了棉花贸易的情况。

在亚热带的大草原地区，摩根见到了许多银行家和大商人，他前往他们的棉花加工厂参观，并在那里观看了一场话剧——《奥赛罗》的演出。

在佐治亚州的梅肯，摩根拜访了舅舅小约翰·皮尔庞特。乘坐轮船从蒙哥马利到达摩比尔，繁荣的棉花交易市场让他耳目一新。

到南方的主要港口新奥尔良后，摩根住到了H.W.康纳公司的分部，随后到商业区去拜访那里的商人，和康纳一起去教堂做礼拜，到庞查特雷恩湖去游玩。

当然，摩根也没忘自己的目的。每隔几天，他便写信向父亲报告棉花的价格和运输情况、密西西比中心铁路债券价格及南方地区的市场行情。

1860年，美国棉花产量有400万包，在国外的销售额达到1.91亿美元，比当年美国出口总值的一半还多。而保留还是废除奴隶制的争论，也随着总统选举的临近而更加激烈。

经过无数的争辩和谈判，共和党人提名亚伯拉罕·林肯作为总统候选人。他提出的施政纲领包括：反对奴隶制度任何形式的扩张、承诺提高关税、通过《宅地法案》、建设一条横跨大陆的铁路。而民主党人依然没有达成一致意见，他们分裂成两派，一个北方派别，支持史蒂芬·道格拉齐，一个南方派别，支持约翰·布里金里奇。

摩根于5月份返回纽约，这时他离开家已经5个月了。那个夏天，在菲尔格莱德，他大部分时间都是和咪咪在一起。

吉诺斯因为棉花贸易的事情而发愁，而更让他烦心的是无法在华尔街为儿子找到一份合适的工作。于是，他考虑让摩根去中国做生意。

他给儿子的信中这样写道："为了给你妥善安排工作，我深感忧虑，而现在应该是时候了。如果没有别的安排的话，我个人觉得你应该去东方旅行，那样将会对你有更多益处，比继续无所事事地留在纽约要好很多。"

在1857年，摩根就计划来中国发展，但因为母亲的强烈反对没有如愿。然而当父亲重新提出这个建议时，摩根反而觉得有充分理由应当继续留在纽约。

8月上旬，在摩根准备动身去英国之前，他向咪咪求婚，她答应了。

两个家庭都感到高兴，在这种情况下，吉诺斯也不再坚持让摩根去地球另一端的遥远国度了。

摩根在回纽约后，立即在蒂芬妮买了一只戒指。他们计划在一年后，即1861年10月举行婚礼。

因为民主党的分裂，共和党的亚伯拉罕·林肯于1860年11月当选美国总统。林肯的当选，加上共和党坚决反对蓄奴制度，长期以来的南北矛盾冲突达到了白热化。短短4个月时间，南方就有南卡罗来纳州、密西西比州、亚拉巴马州、佛罗里达州、佐治亚州、路易斯·特雷斯安那州、得克萨斯州7个州宣布脱离联邦，并在1861年2月起草了一份《联邦宪法》。

3月4日，林肯发表新任总统就职演说，承诺不干预保持蓄奴制的各州，但是要不惜任何代价使联邦制度保存下去。尽管如此，南部联盟的支持者依旧认为新总统的就职演说等于向南方宣战。

4月12日，南方军队在萨姆特堡打响了南北战争的第一枪，两天后，南部联盟的旗帜飘扬在萨姆特堡上空，美国南北战争正式爆发。

1861年上半年，摩根一直在为皮博迪公司管理棉花销售、铁路债券买卖等业务，同时还向政府提供来自伦敦方面的贷款。

这期间，摩根参与的一项生意引起了很大的争议，这就是"霍尔卡宾枪事件"。

3. 霍尔卡宾枪事件

由于战备不足，联邦军队在萨姆特堡的战事失利，急需一大批枪支。

一个叫伊斯特曼的商人想要改造一批墨西哥战争遗留下来的5000余支霍尔卡宾枪，那是一种后部装药的来复枪。但是军械官里普利认为这批枪早已过时，没有利用价值，就没有同意。

于是伊斯特曼提出要购买那批枪械，里普利同意以每支3.5美元的价格卖给他，但是伊斯特曼手头没有足够的资金。

7月份，联邦军西部军司令弗里蒙特将军急于为军队采购枪支，有个叫西蒙·斯蒂文森的律师和伊斯特曼签订合同，决定以每支12.5美元的价格购买那批枪支。然而，斯蒂文森也没有足够现金。

8月5日，斯蒂文森给将军发去电报，准备卖给他5000支全部经过改装、符合政府规定的卡宾枪，每支售价22美元。将军同意了合同条款，要求尽快把枪运送到密苏里州。

然而，伊斯特曼和斯蒂文森谁都没有足够资金，斯蒂文森不得不求助于摩根，拿弗里蒙特将军的购货合同做担保，借到了2万美元。

8月7日，伊斯特曼、斯蒂文森和摩根一起来到军火库，摩根当时就给军械官里普利开了一张价值1.75万美元的汇票，购买到了5000支卡宾枪，后来又给伊斯特曼开了一张价值2500美元的支票，这些美元算作是斯蒂文森支付给伊斯特曼的预付款。

他们还商定，如果斯蒂文森在20天之内还不能收到政府的款项，摩根还要再借给他4.25万美元，作为付给伊斯特曼的购枪款。而那批枪支在改造完之前，作为贷款抵押。

到8月底的时候，改造的第一批枪支交付到弗里蒙特将军手中，摩根收到了货款5.55万美元（每支枪22美元，加上包装及运输费用）。

这时的摩根，不知出于什么原因考虑，准备退出这笔交易，而他父亲以前的一个合伙人莫里斯·凯彻姆则准备接手继续这笔生意。

于是，在扣除2.6344万美元的预付款、利息及佣金后，摩根把剩余款项打到了凯彻姆公司的账户。

这样，他在这笔2万美元的贷款项目上获得9%的利息及5400美元的佣金，利润达到27.8%。

9月中旬，斯蒂文森在收到一张5.8万美元的支票后，把剩余的枪支交给了弗里蒙特将军，但是汇票却没有兑现。

10月上旬，国会一个调查委员会开始调查在军火供应中牟取暴利的事。

特别调查委员会提出如下报告：

"摩根所付的枪支订金没有强有力的证明来说明它是合法的。摩根在听证会上拒绝说明他是怎样根据斯蒂文森和弗里蒙特将军所订的合同来支付订金的。因此，对于摩根一再声称的所谓霍尔卡宾枪事件是合法的交易的说法，本委员会实在是难以表示赞同。

"目前，我们的国家正遭受着前所未有的严峻考验，我们所有人都应以国家利益为重。摩根先生在给财政当局的要求书中声称自己是一个良好的市民，对于这一点，我们很不赞同。在这方面，我们为什么不学学法国呢？在法国，每当一座桥梁、纪念堂或其他公共建筑物完工，总要在上面刻上'法国市民的责任'，以此来提醒法国人的爱国民族心；而现在我国公民的这种政治上的道德就很欠缺了……"

直到最后摩根也没有解释他为什么退出这笔交易及他对这个事件的看法。也许，作为一个商人，他只是把那笔贷款当做一项纯粹的商业合同来看待，至于是不是存在牟取暴利的问题，则根本不在他的考虑之内吧。

4. 破碎的心

此时刚满26岁的摩根，双眼闪烁着蓝色的光芒，虽然非常年轻，但仍留给别人一种老谋深算的印象。他的眉毛特别浓密，眉骨处又成钩状，还有那似乎能穿透人心的锐利目光。

摩根在理清了霍尔卡宾枪贷款后，就把全部精力转移咪咪身上了，因为她病倒了，她总是一阵一阵地咳嗽，而且总未见好转。

当摩根和咪咪的婚期即将来临时，朱丽叶和莎拉从伦敦赶来参加他们的婚礼，古德温一家从赫特福德赶来，老皮尔庞特也由波士顿赶来参加外孙的婚礼。

10月7日，星期一，一个阳光明媚的良辰佳日。上午10时，在斯特奇斯家举行了一个小型婚礼宴会。

新郎摩根留了一撇小胡子，显得很成熟，而漂亮的新娘则穿着象牙色的波纹丝绸婚纱，但是看上去苍白虚弱。每个人都小心翼翼地照顾着新娘，以免她太疲劳。

为使咪咪的病得到康复，婚礼后第三天，摩根夫妇就搭乘"波斯号"离开纽约前往欧洲。

在途中，摩根通过领航船寄给斯特奇斯一封信："咪咪容光焕发，兴高采烈，而且午餐吃得也比较多。她比我担心的状态要好了很多，而且同家人离别时也非常从容。我和她爱所有的家人。你们的孩子，写于匆忙之中……"

法国巴黎，两位肺病专家为咪咪做了检查，结果是每个人都难以接受的：咪咪患的是肺结核，这在当时是绝症。身处绝望中的摩根致信告诉了斯特奇斯先生，但是对咪咪却隐瞒了这个消息。尽管没有痊愈的希望，医生还是建议通过多休息、配合饮食和温暖的天气来进行治疗，也许会有利于病情好转。

11月，摩根夫妇到了阿尔及尔，他们住在了德拉雷金希旅馆，地中海煦暖的阳光洒在旅馆阁楼上，咪咪就坐在宽阔的门廊里，欣赏着广场的街景。

然而奇迹没能出现，咪咪的病情一直恶化，咪咪的母亲玛丽·斯特奇斯和她的弟弟爱德华也赶到了摩根夫妇在尼斯的住所。仅仅过去半个月，可怜的咪咪就离开了亲人。

摩根在咪咪保存的一本《圣经》中《新约》开头的地方写道："1862年2月17日星期一早晨8点30分，在法国尼斯附近的圣乔治斯别墅，阿米尼亚·S.摩根去世。她离开得如此平静。"

咪咪逝去，摩根带着她的骨灰与一颗破碎的心，回到了纽约。

第三章 华尔街崭露头角

1. 真知灼见逐渐显现

1862年1月27日，林肯总统颁布"第一号命令"，决定2月22日北方军队实行全军总动员，并命令陆海军展开全面攻击。南卡罗来纳州的罗阿诺克被北方的海军所封锁，查尔斯顿也开始遭到炮击。此外，陆军完全做好战斗的准备，随时待命。

吉诺斯希望邓肯——舍曼公司的老板邓肯能和摩根合作，自己可以给邓肯——舍曼公司出资一半。但是，他的建议被婉拒了。因为，有次摩根到新奥尔良出差，就擅做主张购买了一船的咖啡，干起了现货投机的事情，这使邓肯特别不舒服。

1862年9月初，J.P.摩根公司在华尔街成立。摩根和吉姆成为公司合伙人。这对表兄弟10年前的梦想终于实现了。新公司位于纽约证券交易所的对面，它的业务集中在政府债券和外汇的买卖。摩根公司还与伦敦的皮博迪公司密切联系，向对方通报美国的价格波动及政治动向。

"伦敦证券交易所"成立于1773年，被当地人称为"咖啡屋股票交易所"，就是因为股票交易的发源地——伦敦的证券买卖在咖啡屋里进行。

最初聚集在华尔街的24位经纪人，租下了华尔街40号的房子，作为证券交易所的办公室，成立了"纽约证券交易所"。这个交易所采取会员制，有多少会员就有多少个席位，会员费是每年20美元。新会员入会时还要交付一笔会员赞助金。

这个交易所一天仅仅开盘一次，一旦做成了交易就要禁止继续开盘，整个交易过程是非常单调的。每天早上，由所里的负责人点名，那些长期缺席的会员就只好乖乖地被除名出营业所了。每天的收盘时间固定在下午3点，每天就这样循环往复地进行下去。

南北战争爆发以后，战争债券特别受青睐，因此，这种交易也做得非常红火，这个交易所一下子身价百倍，越来越多的经纪人纷纷希望自己成为其中的会员。

为了限制会员的席位，交易所开始将一些新加入的经纪人排斥在会员的名分之外。在这种情况下，这些失意的人就在纽约住宅区另外成立了一家新的交易所，同原来的那一家唱起了对台戏，这家交易所取名"开放证券交易所"，为了提高竞争能力，他们晚上也同样营业。

摩根在纽约证券交易所里拥有一个席位，但是这并不意味着纽约证券交易所是他的兴趣所在。他对纽约证券交易所的态度，就像对开放证券交易所一样没有差别，那样做只不过是暂且的谋计罢了。

这天，一位拜访者来到了摩根在华尔街的办公室，他是一位比摩根稍大点的年轻人，名叫爱德华·克查姆，他的父亲是华尔街的投资经纪人。克查姆果敢机智，非常有才干，摩根与他谈得非常投机，两人有种相见恨晚的感觉。

作为年轻投机家来说，最使摩根与克查姆感兴趣的是坐落在华尔街一栋又老又旧的建筑物的地下室中的黑市交易所，因为那时候大都市的地下室，贮存煤炭是其最普遍的用途，以备冬天取暖的需要。因此，这个黑市交易所理所当然地被冠名"煤炭厅"。"煤炭厅"的主持人是葛莱福先生。

为了支付庞大的战争费用，1862年国会通过了《法定货币法案》，规定绿背美钞可以作为货币流通，这是由美国政府发行的第一种现代指定的纸币，它使北方有效地实现了黄金与纸币的双重货币本位制。

绿背美钞与黄金之间并没有法定关系，也没有固定的兑换价格。然而因为黄金是稀有贵重金属，天然是货币，作为外贸的媒介，它的价值是由国际市场决定的。

1862年，摩根向皮博迪公司报告中就指出："统治着外汇市场的黄金现在已经成为证券交易所里的投机价值所在，它就像最具投机性的股票一样变化多端……从战场上传来的捷报会使金价下跌，反之金价就会看涨。"

2. 小试牛刀

1862年夏，克查姆来访，并带来了一个非常好的消息。

"咱们先同伦敦皮博迪公司联系一下，通过它和你自己公司共同付款的方式，秘密买下黄金。"克查姆建议道。

"嗯……"

"黄金到手之后，将其中的50%汇往伦敦，而剩下的50%归咱们。一旦黄金流往伦敦的消息流出去，同时查理斯顿港的北军又战败的话，金价无疑会暴涨，时机一到，我们就把留下来的那50%以高价抛售出去。"克查姆继续说道。

"好，就这么办。"

摩根当即决定要放手大干一场。

摩根与克查姆开始用联合账户不声不响地收购黄金，到10月初，他们就已经累积了价值两百万美元的黄金。10月中旬，他们将其中100万美元的黄金运到伦敦。

不出所料，"秘密"进行的计划因为汇款而走漏了风声。于是，皮博迪购买了黄金的消息到处都在流传，黄金价格飙升。

"没有任何正当理由来解释这次金价暴涨，这次涨价根本就与军需品、粮食、棉花等的输出和输入无关，而基本上是一种巧合。根据调查结果，《纽约时报》报道说，纽约的一名青年投机家——

J.P.摩根，是此次事件的幕后操纵者。"

幸运的是，因为克查姆的名字并未外泄，所以当纽约经纪人纷纷在价格涨到顶峰状态抛售黄金时，克查姆将它们全部买下。在这时，售往伦敦的黄金价格也节节上涨。

《纽约时报》在社论中措辞严厉地指责道："这次金价的疯狂暴涨，简直是想窒息美利坚合众国的生命。这些该死的非法者，竟然以林肯总统购买武器计划的代价去换取非法利益。议会应该立马建造断头台，将这些非法者斩首示众。"

但是，华尔街地下室"煤炭厅"里的投机分子们仍然在狂欢畅饮，根本就无意去理会这篇社论的谴责。

摩根的神情看起来桀骜不驯，浓密的短髭与浓密且弯曲的双眉相搭配，对各种社会责难、批评经常是置若罔闻。

摩根的语速非常快，经常是口若悬河，滔滔不绝，但吐字非常清晰。只是可能在一分钟之后，他又忽然沉默不语，因此让人们都很难猜测他内心的真实想法。

一天，摩根偶尔向克查姆透露一个消息："克查姆，我又租下了一个房间。"

"不就是那个锁着大锁的房间吗？里面有什么秘密吧！"

看来，克查姆也对一些情况有了解。

"来，随我来，我带你去看！"摩根发出了邀请。

走进这间刚刚租来的房间，里面的情形把克查姆吓了一大跳："你这是在开办电报公司吗？！"克查姆颇感意外。

"我来介绍一下吧，这位就是史密斯先生。从此刻起，他就是我们摩根公司的电报工作职员。"

摩根相中的史密斯拥有着特殊价值。他本人曾经任职过陆军部的电报局接线员。更为关键的是，史密斯的好友文尼尔上校是格兰特将军的电报秘书。通过文尼尔，史密斯能比其他任何人先获得准确的前线军事情报。

"好家伙！"

摩根让克查姆佩服得五体投地。

确实，电报对于他们投机这一行的确是一件十分厉害的新武器。特别是在"煤炭厅"的黑市交易中，精准的情报是必不可少的。

不久电报就显示出了它的威力。

1862年10月28日，北方政府的马克利兰的波多马克部队向弗吉尼亚州的威灵顿发起进攻，南方政府方面的李将军不得不将部队往南撤回。

5分钟后，摩根就知道了这一消息。接着，又收到了来自华盛顿的电报："选举后的11月5日，林肯总统决定总司令马克利兰由班赛特替任。"

当克查姆从摩根那里得知这一消息之后，兴奋地叫道："可以卖了！可以卖了！"

后来摩根又收到了皮博迪和父亲吉诺斯发来的电报："南军用来突破北军海上封锁线的炮舰，都是英国造船厂承造的。为此，英国政府被合众国再三抗议。然而英国方面对此充耳不闻，毫不理会。林肯总统和国务卿斯凡特已通过美国驻英国大使亚当斯，最后通牒英国政府，要求立即停止为南军造船。你要特别注意一下华尔街的动向！"

看完电报后，摩根当即提高了警惕，密切关注着华尔街的风吹草动。

摩根还来到电报室，让史密斯向华盛顿查询，得知林肯总统这一次是下定了决心，态度非常强硬，甚至不惜与英国断绝外交。

不久，吉诺斯再次来电："英国政府已答应了美国政府的要求，停止承造南军的炮舰，但必须有个先决条件，那就是5天之内美国政府准备价值达100万英镑的赔偿费，作为对各造船厂停工的赔偿。由美国大使亚当斯联络。"

"100万英镑，未免欺人太甚了吧！"克查姆愤愤不平道。而摩根则只是在一旁一言不发，按照他的习惯，这就是他对这件事表示反对。

很快，又收到伦敦来电："亚当斯大使穿梭于英国金融界，到处游说，希望有所更改，然而失败了。事已如此，皮博迪公司被委托在24小时之内准备好价值100万英镑的黄金。这一消息属于绝密！除总统和国务卿外，再也没有任何人知道！"

摩根激动得大叫："买了！"

第二天，皮博迪果然大量买进黄金，金价一下子暴涨，摩根因此大赚了一笔。英国收到黄金后，造船厂全面停工。

"皮博迪和家父都是很爱自己的祖国的，当然很希望合众国胜利了，不胜的话就糟了。"摩根话刚说完，克查姆便大笑道："真是时代不同了！"

与媒体态度截然不同，对于摩根的商业行为，华尔街将枪支交易和黄金投机完全视作正常交易，而吉诺斯，也只是在实践方面而非在道德方面责备他的投机行为。

摩根和吉诺斯都认为自己是爱国者，而且远比那些争吵不休的政客要好得多，他们认为自己是着眼于国家经济的长远发展。

1864年，皮博迪已经在事业上取得很大的成就，由于上了年纪而退居幕后。退休后，他把精力转移到了慈善事业方面。

在他退休的时候，英国女王维多利亚曾有意授予他英国贵族的爵位和封号，然而他却以自己是美国国籍为理由，婉言拒绝了女王的好意。

拥有资金达2000万的皮博迪公司，由于他的退休，不能再继续使用皮博迪这一名称了，于是就根据他的继承人吉诺斯·摩根的名字来命名。

1864年10月1日，皮博迪公司正式改名J.S.摩根公司。

3. 摩根公司的成立

鉴于摩根在投机黄金市场上的翻云覆雨，吉诺斯说，他有时感觉他的儿子为了自己的利益而不顾伦敦的生意，"如果一个人在投机中两次失手，那他就不是一个可靠的人，别人就不会和他做生意，更不用说保护与照顾这些利益"。他也不会信赖这种人，甚至威胁要把自己公司的生意全部退出摩根公司。

然而，吉诺斯并没有将伦敦的账户撤出，相反，在1864年秋，他又为自己的儿子在纽约找到一个年长的合伙人，对他的儿子进行严加管束。

这位合伙人就是银行家查尔斯·达布尼，他是以前摩根在舍曼—邓肯公司的同事兼老师，曾教摩根学过会计。

1864年11月15日，J.P.摩根公司更名为达布尼—摩根公司，在53号营业厅开张营业。

在1865年，发生了美国历史上很重要的一系列事件。实际上，美国内战即将结束。4月9日，南军著名将领李将军在弗吉尼亚投降。5天后，林肯总统被约翰威尔克斯布思刺杀。5月底，杰弗逊·戴维斯被逮捕，南军最后一支军队投降。

1865年夏，曾经与摩根一起进行黄金投机活动的合伙人克查姆被捕入狱。克查姆不仅从他父亲的银行里偷走300万美元的证券，还伪造了150万美元的黄金证书，其中一部分还使用了摩根的名字。

克查姆的严重罪行使他父亲破产了，《纽约时报》称这是发生在圣三一大教堂脚下的令人震惊的卑劣行为。

南北战争结束后，当实业家在全国大规模重建美国工商业的时候，吉诺斯正在打造一个能够满足其未来需要的银行业王朝。

1866年，摩根的大妹妹萨拉嫁给了一个银行家——乔治黑尔·摩根，他是银行家乔治·丹尼森·摩根的儿子，纽约州前任州长，现任参议员埃德温·丹尼森·摩根的侄子，尽管这个家族也是来自波士顿，但是和摩根家族没有关系。

1866年秋，萨拉的丈夫也加入了达布尼——摩根公司。

1867年初，摩根的二妹妹嫁给了奥尔特·海斯·伯恩斯，他是银行家里瓦伊·P.莫顿的合伙人。新婚后的伯恩斯夫妇住在伦敦，经营着莫顿-伯恩斯公司。

摩根的小妹妹朱丽叶则是他们兄妹当中最不安分的一个。最后她找了一个传教士——约翰·布雷纳德·摩根，他是莎拉丈夫乔治的弟弟。

4. 摩根的婚姻生活

1866年，摩根也再次结婚了，新娘名叫弗兰西斯·路易斯·特雷斯，是一位律师的女儿。同年长女露易莎出生了。

在他们结婚一年后，摩根与弗兰西斯发觉两人在有些地方截然不同。摩根喜欢城市里的喧闹和刺激，永不厌烦所有新的体验和众多的熟人。而弗兰西斯却偏爱乡村生活、家中宁静的夜晚、看书以及和知心朋友聊天。摩根的生活节奏令她紧张，她经常需要外出放松，从而令摩根备感冷落。

1867年弗兰西斯又生下了J.P.小摩根。小摩根是摩根唯一的儿子。

1870年，摩根的二女儿朱丽叶来到了人间。3年后，即1873年，三女儿安也诞生了。

值得特别注意的是J.P.小摩根，他后来继承父业，接管了摩根公司，并进一步扩充发展了父亲留下的基业。在第一次世界大战

（1914～1918年）期间，他从事美国政府债券的销售；此后不久，由于小摩根的同事哈洛德·斯坦雷等人的加入，公司因而再次改名摩根·斯坦雷公司。

从南北战争到19世纪结束这一时期，马克·吐温称其为"镀金时代"，美国修建了数千英里的铁路，造就了世界上最为庞大的铁路网，开辟了美洲大陆的西半部，获得了丰富的自然资源，国内市场空前繁荣。

与此同时，约翰·D.洛克菲勒成为石油垄断巨头，安德鲁·卡内基建立了一个钢铁帝国，贝尔的电话、爱迪生的电灯，经济与技术的巨大变革令传统政治相形见绌，在林肯和罗斯福之间入主白宫的总统先生们，没有一个显示出真才实干。

1866年，大西洋海底的电缆铺设成功。1869年5月10日，中央太平洋铁路公司从加利福尼亚向东修建的铁路与联合太平洋铁路公司向西修建的铁路跨越大平原，在犹他州奥格登市顺利接轨。

两个月后，摩根夫妇开始了横穿美国的旅行。

摩根的银行从储户那吸收来的资金，大部分都被贷款者投入到铁路当中。铁路不仅为货运提供了一个廉价、迅速、全天候的长途运输手段，开创了一个全国范围的巨大市场，而且它还打开了通往美国西部荒野的道路，给美国工业带来了新希望，刺激了煤矿、钢铁以及石油产量的大幅提升，加快了各行各业技术创新的步伐。

在19世纪60年代，铁路公司使其他行业都黯然失色。

铁路所带来的巨大经济利益激起了竞相投资建设铁路的高潮。任何人，只要他能搞到政府用地批文，并能发售证券，他就有希望修筑铁路。运营良好、盈利丰厚的铁路引起激烈竞争，竞争者们甚至并行筑路，有时是为了争客源，有时是为了挤压收购复线。肆无忌惮的投机商们对自己的铁路证券进行幕后操纵，侵吞资本准备金。

这是一个典型的自由市场：供需两旺带来了供过于求，供过于求又带来了激烈的竞争。

1869年9月初，摩根一回到纽约，就着手准备对付纽约州北部一条名叫奥尔巴尼—萨斯奎哈那的短途铁路（简称A-S铁路）。

A-S铁路位于纽约州的首府奥尔巴尼通到宾夕法尼亚州州境北侧的宾加姆顿，路程其实并不长，只有142英里（约合227公里），但是却非常重要。它连接了通往宾夕法尼亚煤田的四大干线，为新英格兰的市场和宾夕法尼亚煤炭打开了通往伊利的大门。

它的地理位置极为优越。宾加姆顿城自古以来就是煤炭的集散地，现在更是如此，而且在宾州北部，也就是宾加姆顿附近，有不少铁路通往各煤炭产地。这样，A-S铁路便成为联通东部工业城市与煤炭产地的大动脉；这条铁路南接古尔德的伊利铁路，西可达美国中部重镇芝加哥，匹兹堡的钢铁以及产油河的石油都可经过这条铁路运抵纽约。

对这条铁路虎视眈眈的主要有两家铁路公司，其中之一是伊利铁路公司，它由乔伊·古尔德经营。古尔德在华尔街算是一个年轻的投机者，人称"华尔街魔鬼"。他是华尔街的少壮派投机者，满脸胡须，作风猛烈，而且很善于于运用权术诡计，加上他的事业伙伴——粗壮凶狠的吉姆·菲克斯，更是所向无敌，锐不可当。但纽约中央铁路公司并不想让古尔德取得这条铁路的控制权。纽约中央铁路公司的老板是范德·比尔特，他是古尔德的死对头。

夏天，当摩根与妻子横穿美国的时候，古尔德与合伙人吉姆·菲克斯就开始收购A-S铁路公司的股票，在他们获得控股权以后就让自己的人进入董事会，在公司领导层任命新的人员，进而攫取对公司的控制权。然而，这次他们遇到了一个强硬的对手，就是A-S铁路公司的总裁约瑟夫·H.拉姆齐。

古尔德大量收购A-S股票，还试图通过收买股东来获得更多的股份。

而拉姆齐则通过向盟友大量发行公司账簿上的原有股票，然后他把这些账簿偷偷埋藏到了奥尔巴尼的公墓中。

古尔德和菲克斯通过他们控制的纽约州高等法院法官乔治·G.巴纳德吊销了拉姆齐A-S铁路公司总裁的资格，拉姆齐针锋相对地找到了奥尔巴尼的法官卢夫斯·W.佩卡姆予以反击。双方都竭力让自己的势力接管A-S铁路，结果佩卡姆比巴纳德提早一步发布了执行令。

几天内，A-S铁路争夺战从股票压价到法律争论，最后终于升级至武力斗殴。菲克斯带领一群暴徒砸烂了A-S铁路公司设在奥尔巴尼的办公室，结果被警察关进了监狱。

菲克斯获释后回到曼哈顿，拿到巴纳德法官的禁令后带着一帮人卷土重来，攻占了A-S铁路公司在宾加姆顿的火车站，抢占一列火车后向奥尔巴尼方向进发，不停吞并着沿途的火车站，A-S铁路公司的人只好启动转轨器使列车脱轨。

双方在哈帕斯维尔附近的隧道狭路相遇，于是棍棒交加、石头横飞，甚至枪支火并，伤亡严重，直到纽约州州长动用了军队和民兵镇压并临时接管了A-S铁路。

5. 在铁路业第一次胜利

伦敦的商业银行很快就得知了发生在哈帕斯维尔的这场闹剧。8月底，当摩根从加利福尼亚启程之时，古德温就向他报告说，古尔德和菲克斯已经使出狠招，但还是遇到拉姆齐的激烈抵抗，而支持古尔德的巴纳德法官也成为众矢之的，由于他与古尔德狼狈为奸已面临被弹劾的危机，大众舆论已向拉姆齐一边倒了。

摩根和达布尼知道时机成熟了，于是果断出手。9月1日摩根一回到纽约就立即加入拉姆齐的阵营，随后他的岳父路易斯·特雷斯律师及助手塞缪尔·汉特也一起加入了斗争。

对于摩根的帮助，拉姆齐感激不已。他决定发行3000新股，摩根、达布尼和两位律师都列入股东名单之中，以此作为对古尔德的反击，摩根显然颇为满意拉姆齐的这一做法。

就在拉姆齐发行新股、忙碌着反击古尔德时，古尔德也开展了一系列活动来维持自己的地位，压制拉姆齐东山再起。为此，他向法院提出控诉，要求法院宣布拉姆齐新发行的3000新股无效，双方针锋相对。

拉姆齐一方为了使州法院推翻巴纳德法官的原判决令，在两位律师的策划下，由摩根提出了一封几乎无懈可击的上诉信。当时的州法院常常因为主审法官的更换而不断地推翻原判决，所以这是一件很容易的事情。由于时过境迁以及基于种种利害关系的考量，法院最终为拉姆齐平了反，撤销了停止他职务的命令。

拉姆齐取得了初步的胜利，接下来便是铁路股东大会上的争夺了。为此，摩根作了十分充足的准备。在以达布尼—摩根公司的名义购买A-S铁路公司的股份后，他开始与保证支持拉姆齐的全部股东联系，以确保这些股东能够参加9月7日举行的公司股东年会。

股东年会上，摩根亲自监督投票，并当选为公司副总裁。

两个月后，纽约州高等法院判决拉姆齐胜诉，A-S铁路之争以摩根一方的胜利告终。

摩根取得A-S铁路的副总裁职务，但实际地位已超过了拉姆齐。A-S铁路的经营发言大权都掌握在他手里。

股东大会之后，握有实权的摩根竟然作出了出乎意料的举动：立即将萨斯科哈那铁路租给了特拉华·哈得逊运河公司——古尔德的伊利铁路的后台老板！年利率为7%，而租期长达99年！A-S铁路退出了斗争的舞台。

事情变得愈发复杂化了。其实，如果摩根把A-S铁路的经营使用权租给拉克瓦拉矿业公司——伊利铁路公司的对头，事情就变得很简单，人们也容易理解，问题是他偏偏把它租给了拉姆齐的死对头。

到底摩根在搞什么鬼？他的打算是什么？谁也猜不透。

他是考虑到A-S铁路本身的利润而排除了个人恩怨吗？他是对大败的古尔德和菲克斯这伙"掠夺者"起了怜悯之心吗？费尽心机地取得了A-S铁路所有权，却又如此轻易地租给对方，虽然利率高达7%，可长达99年的租期，不是白白送给人家又是什么呢？

莫非摩根有更大的野心，早已算计到古尔德和菲克斯要破产倒闭，把铁路大方地租给他们，以便将来能夺取他们的产业？

这一举动令许多人百思不得其解，引发了人们各种各样的猜测。

无论如何，第一次接触铁路投机业的摩根是大获全胜了，在华尔街崭露头角，获得了众人的高度评价，提高了自身的知名度。由此，人们也开始了解到摩根独特的策略和手腕。

《美国人物志》当时是这样评价摩根的：

"摩根作为一个企业统治者，同当代最具有实力、拥有各种武器的金融资本家对抗，他获得了他的胜利，由此奠定了此后纵横于企业大舞台的坚实基础，也开拓了摩根自己的辉煌人生。"

6. 格兰特总统

像古尔德、菲克斯这样素有"掠夺者"之称的大投机家，绝不会就此善罢甘休。与摩根交手的第一回合就被战败，按常理他们绝不会忍气吞声，让摩根占据上风，肯定会伺机报仇雪恨。然而出人意料，他们并没有像人们所想得那样大肆报复。

那么，古尔德到底是被什么吸引了，竟然放弃再次争夺A-S铁路的行动呢？

在花花公子菲克斯个人名下的一家豪华歌剧院里正在上映一幕歌剧，总统格兰特和夫人正饶有兴味地观看着，坐在他们旁边的是古尔德夫妇，原来古尔德在费尽心机地接近总统！

格兰特总统出生在俄亥俄州的一个乡村，父亲是一位皮匠，在农村的时候他结识的都是农民朋友，后来毕业于士官学校。美国南北战争时他作为北方政府的将军立下了赫赫战功，的确是一位英雄人物。

然而，在政治上他却毫无经验，以致当时政治风气败坏，政府高层的贪污案件层出不穷。在工业上，他采取放任产业资本家的态度。唯独对于农业，可能是由于出身关系，他一向都是很关心的。

趁着欣赏歌剧的空闲，古尔德不失时机地向总统建议：

"总统先生，我想我们应把俄亥俄州及中西部的谷物销到国外去……"

看来古尔德很了解总统对农业的热心以及对自己家乡的感情。

"谷物外销……不错，这倒是一个好办法……"

"总统先生，请您听一下我的建议。为了使美国的谷物能有买主，美国政府可以下令禁止黄金买卖，华尔街的投机家们以及伦敦的金融资本家们便再也没法进行黄金投机了。没有了投机对象，还愁伦敦、巴黎、柏林的投资者们不争着购买美国的谷物吗？"

"这主意不错。"总统表示赞同。

古尔德这一招歹毒至极。当然他并不是为俄亥俄州及中西部的农民着想，他的真正用心是借助格兰特总统禁止黄金买卖，鼓励现货交易。如果总统采纳了他的建议，他将获得一系列好处，牟利之巨是难以想象的。

首先他趁别人还不知道的时机，大量购进囤积谷物，以便将来卖往国外大赚一笔。

其次在适当的时机可以将这一消息告诉谷物投机家，一时间必然云集众商，然而要将谷物从中西部运出必须要经过古尔德的伊利铁路，货主只能和古尔德签订运输协议。当然，由于运谷物的人多，铁路繁忙，运费必然是昂贵的。

最后，古尔德预先在华尔街购进大批黄金，一待禁止黄金买卖的禁令下达，金价必然暴涨，古尔德又可稳赚一笔。

这么大的利润，哪能是A-S铁路所能比的？难怪古尔德无暇复仇了呢！

当然，古尔德的搭档菲克斯也预先得知了这一消息，在A-S铁路争夺战中惨败于摩根的他当然不会甘心失败，他同样购进了大量的黄金……

然而，这次菲克斯万万没想到会被自己老搭档古尔德抛弃。由于担心黄金不足而导致经济大恐慌，美国政府准备向市场抛售大量黄金。古尔德提前得知了这一消息，然而他不但没有通知自己的老伙伴菲克斯，反而以较当初约定更低的价格抛售黄金。

华尔街又一次出现经济恐慌，倒闭的公司接连不断。

被古尔德搞得破产负债甚至倾家荡产的投机家们如同疯狗一般，手持武器到处追寻着古尔德和菲克斯。

"杀死那两个混账家伙！"破产者同仇敌忾。

不久，恶贯满盈的菲克斯在一家饭店里被打死，凶手是斯托洛克。

菲克斯的葬礼非常盛大豪华，仅仅臭名昭著的塔马尼家族就派出了一个庞大的阵容，甚至纽约第9义勇连队也安排了200名成员的军乐队前来参加。

卸职后的格兰特总统到世界各地漫游。

据说格兰特总统离职后常出入于华尔街摩根的私人电报室，由此看来他与摩根的私人关系也非同一般。

后来，格兰特也曾投资股票，然而他终究不是那块料，赔得倾家荡产。不久，因患癌症而病逝。

7. 为皮博迪先生主持葬礼

1862～1867年，远征墨西哥失败后，拿破仑三世心急如焚，为了抗衡日益强大的普鲁士，他想从荷兰人手中购买卢森堡，但由于种种原因而未能如愿。

1868年，西班牙女皇被推翻，革命政府希望普鲁士皇家血统的里奥成为西班牙国王，但遭到拿破仑三世的竭力反对，他坚决要求西班牙王位不能由普鲁士皇族继承。

普鲁士断然拒绝了拿破仑三世的要求，但普鲁士国王的回复公文被外交手腕相当高明的铁血宰相俾斯麦故意修改，目的在于造成一种假象——普鲁士国王妥协而拿破仑三世仍步步紧逼。

1870年，法国宣布同普鲁士开战，普法战争爆发。法国同奥地利、意大利结成联盟，想进占德国南部。但是，俾斯麦与俄罗斯结盟，其联军从俄国迂回由背后牵制奥地利，奥军被迫撤退，意大利也被普鲁士军队打败，不得不从罗马撤离，从而再度挫败了拿破仑三世。

铁血宰相俾斯麦根据总参谋长摩尔托卡的作战计划，率军攻入法国。

1870年9月2日，普鲁士军队在色当打败并俘虏了拿破仑三世及麦克马洪元帅。

巴黎市民得知拿破仑三世投降的消息后，发布共和宣言，拥戴反拿破仑的议员团组成以高阶层资产阶级为主体的共和政府。然而，在色当惨败之后，法军又在梅兹遭到溃败，帕杰诺元帅也成了俘虏。当这些消息传到被普军围攻下的巴黎时，无产阶级与小市民踊跃起来进行反抗。

但是，曾经高呼要同普军决战到底的共和政府却背信弃义与普军和解，反过来镇压国内民众的反抗，并与普军在凡尔赛宫签订了停战协定。

1871年3月，愤怒的巴黎市民攻入了凡尔赛宫，成立了世界上第一个无产阶级专政政府——巴黎公社。5月，巴黎公社失败，欧洲政局又陷入一片混乱。

拿破仑三世被俘后不久，成立于法国西部加伦河畔的波尔多的临时政府首脑梯也尔给吉诺斯发了一串紧急电报，让他赶到托尔城会面，越快越好。

梯也尔的密使在一家简朴的饭店内会见了匆匆赶到托尔城的吉诺斯。

"真过意不去，让您远道来到这里。"首先，密使表示了歉意。

"不必客气，我和贵国一向关系很好，贵国国王被俘，我也感到很难过。不过，现在资产阶级临时政府已成立，应该能大有作为……"

"真是令人遗憾，皮博迪先生竟然过世了……"

颇受美国金融界人士推崇的皮博迪一年前过世了，美国金融界对他的评价甚至和哈林男爵（伦敦金融界的元老，他祖父曾经担任过东印度公司董事长和财政部长等）、罗斯查尔男爵等人不相上下。

皮博迪的遗体被维多利亚女皇特许安葬在西敏寺，但是，按照他生前的愿望——死后把遗体安葬在故乡马萨诸塞州的一个小乡村，维多利亚女皇给予了皮博迪只有总统及大使级以上的人物才能享有的礼遇：她特地派遣英国海军在美国普利茅斯号军舰的护航下，用刚建成的装甲船"首领号"载着皮博迪的遗体荣归美国。

摩根担任了皮博迪先生的治丧委员会委员长，为皮博迪先生在马萨诸塞州的但巴村举行了隆重的葬礼。

第四章　一路飙升的身价

1. 托尔溪谷会谈

在浓浓晨雾笼罩的托尔溪谷，吉诺斯与梯也尔的密使举行了会谈。托尔溪谷是个颇具历史性的地方，在70年后的第二次世界大战（1939～1945年）期间，德军入侵巴黎的时候，英国首相丘吉尔和法国首相雷诺也是在此地密商重建对德战线一事的。

密使对皮博迪先生的离去深表惋惜，接着，吉诺斯问道："说到底需要多少国债？"

"和俾斯麦虽然已经和谈，但要想复兴这次战败后的法国，并发展真正的资本主义社会，就不得不发行大批的公债，而且也需要镇压社会主义和劳工的暴乱，因此……"

"我支持共和主义，而美国也应该同样是共和主义的支持者。"吉诺斯截断密使的话。

"谢谢！"

吉诺斯十分急切地想要得到结论，他问："那么到底需要发行多少呢？你仔细考虑考虑！"

"你觉得2.5亿法郎怎么样？"

"2.5亿法郎，大约合5000万美元，确实为数不小，但是有什么条件呢？"

密使立刻赔笑着问道："您愿意什么样的条件呢？"对于这个问题，吉诺斯没有立刻回答，他沉思了一会，问："这件事，您是否同罗斯查尔男爵及哈林男爵提过？"

密使摇头否定。

"巴黎的罗斯查尔银行及伦敦的雷欧尼尔·罗斯查尔男爵都不行？"

密使仍然摇头。

金融世家罗斯查尔五兄弟的关系企业遍布伦敦、巴黎、法兰克福、维也纳、佛罗伦萨等各大都市，俾斯麦找哥哥贷了款，拿破仑三世则向弟弟贷了款，就是奥地利梅特涅政府也向维也纳的罗斯查尔借了款，为什么唯独对法国资产阶级的临时政府另眼看待呢？

吉诺斯想到这里，突然斗志昂扬起来："我倒想试试罗斯查尔兄弟做不到的事！"吉诺斯暗自下定了决心。

这是美国独立100年来第一次承接来自旧大陆的政府贷款。

"条件是年利率6%，发行指数为票面的85点。"

密使赶忙点头称谢："就这么决定了！"

虽然6%的年利率不高，但如果85点的票面指数顺利，甚至卖到100点也不是难事。这样就能赚到票面的15%，但这是在美国民众对法国临时政府的前景有信心的前提下。

除美国之外，吉诺斯还打算把这些国债销售到法国移民最多的加拿大去。

法国政权从凡尔赛停战协定到法兰克福的和谈，日趋混乱，帝制派对共和政府进行了反击，到1880年，属于帝国主义的产业资本支配体制又逐渐强大起来，从拿破仑三世以来的亚、非殖民地大大增加，不仅突尼斯、越南、柬埔寨等国，连索马里、马达加斯加都被并入法国的版图，成了法国的殖民地。

而这个时候发行的国家债券及国营机构债券在这种榨取政策下就成了寄生虫，法国资产阶级得以在海外大量投资就是靠着这些债券。

吉诺斯的推测和事情的发展相差不多。就连罗斯查尔都拒绝收购5000万美元的巨额国债时，吉诺斯居然勇敢地承诺购买，可见他确实是很有见地和谋略。

2. 摩根的身价一路飙升

吉诺斯在伦敦宣布承购法国国债的消息传到摩根那儿时，他大吃一惊，并很快就收到了父亲的电报：

"希望在美国能把这5000万美元国债的一半消化掉，但是由你一个人承担这么大的一笔数目可能负担过重，因此我想了一个新办法——成立辛迪加（企业的联合），也就是把华尔街的所有大规模投资金融公司集合起来，成立一个国债承购组织……"

"这可能吗？"摩根内心虽然强烈地怀疑和反对，但他是一向义无反顾地支持和协助父亲的决定的。

就是摩根，也是第一次听到"企业联合"这个名词。简而言之，各金融机构分摊危险性来消化掉这5000万美元的法国国债。目的在于通过承购的金融机构，广泛地把国债分摊到一般投资家身上消化国债，这确实实是一个大胆而且创新的构想。

由吉诺斯大胆构想出来的辛迪加"联合募购"计划，果不其然，在英国当地首先受到舆论界的抨击。

《伦敦经济报》这样评论：

"皮博迪的接班人——发迹于美国的投资家承购法国政府的国家公债。承购者想出了所谓'联合募购'的方法来消化这些国债，并声称这种方式能将风险通过参与'联合募购'的多数投资金融家而分散给一般大众，而不再像以往那样集中于某些大投资者个人。表面上看，似乎分散可以减低危险性，可一旦发生经济恐慌，由它所引起的不良反应就会迅速扩张，出现排山倒海之势，反而增加了投资的危险性。"

或许是当初拒绝承购这笔国债的罗斯查尔刻意安排了这种评论，同样的反应也出现在纽约的华尔街，摩根也被强烈地抨击，这是不容否认的事实。

在华尔街，作为一个青年投资者，摩根竟然能够引起如此大的话题，并遭遇这么多的劲敌，恰恰说明他的存在价值已经被广泛认可，其身价也相应飙升。

摩根年纪轻轻，投身于华尔街也不过短短10余年时间。在阴暗的地下室中，摩根曾以赌南军胜利而活跃在黄金黑市，也曾经卖给弗莱蒙特将军一笔改造旧枪，甚至于同华尔街的巨子——杰伊·科克对垒。现在，在第34个生日快要来临之际，摩根必须面对一个更加艰巨的挑战，也就是成立所谓的"联合募购组织"，以便把巨额的法国国债消化。

摩根的表哥古德温在达布尼提出辞职后，也以父亲病重为由想要返回哈特福德，离开公司，因而达布尼·摩根公司宣告解散。当初的资金及过去给公司保留的利润，摩根结算后，给每人分了50万美元。

3. 欧洲旅行的美好时光

摩根在公司解散后不久，带着全家开始到欧洲作了长达一年的旅行。

带着孩子的摩根夫妇搭乘轮船来到利物浦，再转道伦敦。

摩根到达伦敦之后，每天早晨起来散步、骑马，以此来锻炼体力，并定时去医院检查。医生得出的结论是："劳累过度引起神经紧张。"

摩根在身体恢复健康之后动身前往巴黎，那时正值巴黎公社革命、劳工高举标语不断呐喊示威最激烈的时候。

"巴黎整个乱糟糟的，恐怕会再次引起神经紧张。"因而摩根考虑到奥地利的提罗尔去。离开提罗尔，来到阿尔卑斯的因斯布鲁克，他在饭店里遇到了一位美国将军，在这位将军的鼓舞之下，摩根下决心要向白雪皑皑的阿尔卑斯山挑战。

摩根来到维也纳，伫立在维也纳街头，他发现同留学时代相比，这座古老的城市已经没落了不少。经过革命风暴洗礼后的维也纳变得十分寂然，奢华的珠宝店和服装店取代了往昔穿着制服的军人来来往往的景象。

摩根离开维也纳后又来到充满古典风格的慕尼黑，这里的音乐会、餐厅都十分正统。

弗兰西斯——摩根的妻子在这玩儿得非常尽兴。接着，他们又去了罗马、埃及……

这段时光对于摩根来说，是他一生中最为美好的一段时期。

在旅途中，摩根收到了一封特殊的电报："迫切地想面见您，务必请您屈驾光临。安东尼·德雷克歇。"德雷克歇是费城一位非常有名的金融投资家，摩根当然没有理由拒绝这样的邀请。

德雷克歇的父亲是从奥地利的提罗尔迁移到美国的，他与墨西哥以及中美洲各国的野猫银行有汇兑交易的来往。后来他迁往费城定居，逐渐成为在费城仅次于杰伊·科克的豪门。

在华尔街，只要提起德雷克歇商行没有人不知道。

给摩根发电报，要求见面的安东尼·德雷克歇从13岁开始就在父亲经营的金融公司帮忙。

德雷克歇受到父亲严格的斯巴达式教育，在未满20岁时就曾被命令用驿马车从费城到新奥尔良运送金块，路程长达1300英里（约2080公里）。

1863年，历来严厉的父亲离世了，德雷克歇顺理成章地成为公司的继承人。

南北战争后，铁路、采矿、工厂等百废待兴，各项工业蓬勃发展，尤其是在宾夕法尼亚州建筑犹如雨后春笋。而在此时迅速成长的德雷克歇商行，也先后将分行建到了伦敦、巴黎、纽约等地。

结束了历时一年之久的欧洲旅行，摩根怀着愉快的心情返回了美国。德雷克歇在费城的宅邸为摩根接风洗尘。对这次会见，德雷克歇似乎已经等了很久。

和摩根一见面，德雷克歇就迫不及待地告诉了摩根：

"我已经把骰子丢下去了，我们马上就要向杰伊·科克开战了！"

但摩根仍有怀疑："要和杰伊·科克开战？"

德雷克歇肯定地点了点头："是的！"

"到底是怎么回事？"

"别急，我慢慢跟你说！"德雷克歇一边品尝着摩根从欧洲带回来的白兰地，一边把事情的前因后果一五一十地告诉摩根。

4. 美国总统大选

1865年，正赶上美国举行总统大选。副总统安德鲁·约翰逊（1808~1875年，第17任总统，民主党）在美国第16任总统林肯被暗杀之后，继任总统。

安德鲁·约翰逊出生在田纳西州，因此他以过于宽容的方式去处理南方战后问题，这引起了激进派共和党的攻击，美国历史上的第一个弹劾案件就是由他们提出来的，但是后来，约翰逊竟以一票之差躲过了此劫。不过，在1868年的总统竞选中，他却因此而败给了格兰特。

后来，格兰特再次竞选总统并连任，但因他同古尔德合作的计划失败，从而所谓"黑色星期五"事件爆发。之后，有许多政府官员牵涉在内的贪污渎职内幕也被各家大报趁机揭发出来，不仅财政部长鲍威尔，就连副总统科尔法克斯家族也被牵连进去，列入黑名单。

由《纽约前锋报》发起的这一连串揭发内幕的行动，使其总编辑葛雷被推举为民主党总统候选人。

南北战争之后的美国仍然极其保守，由此而得出的选举结果是南北战争中的英雄格兰特——当时在任的总统，再次以压倒性的胜利当选为总统。葛雷仅获得密苏里、肯塔基、马里兰等南北分界处的几个州的支持，并由于承受不了巨大的心理压力，在完成计票之前就去世了。

"格兰特在这一次的选举中依旧信口开河，发表了一些不切实际的政见。我看在他的那些政见背后，可能需要一笔非常大的预算。"从欧洲旅游归来的摩根依旧发挥他异常敏锐的直觉："大概又要发行国债了吧！"

"你在欧洲休假，所以我拍电报来征求你的意见，以便一起出席在费城召开的共和党党员大会，以此表明支持格兰特的态度。"

"是应该这样，无论我们是作为共和党新右派的党员，还是被归为左派，这种情形都恐怕会使事情办起来比较麻烦，因此，拥戴格兰特就是我们最好的选择。不过，这次的党员大会讨论的是什么主题呢？是不是要恢复纸币票不能兑换正币的禁令？"

"格兰特好像有意收回这些纸币，那是南北战争时发行的，然后重新发行一些新的国债。"

摩根猛地摇了摇头，对于总统的这种做法，他不敢苟同。

停顿了一下，摩根笑笑："我弄清楚了！杰伊·科克——南北战争中的债券胜利者，他又要粉墨登场扮演重要的角色了！"

"我说的战争就又要开始了，就是因为这个呀！"德雷克歇显然对这场战争没有什么信心，他笑得十分勉强，表情僵硬地说，"格兰特总统正在受到杰伊·科克的大力笼络呢！"

摩根下了结论："用不能兑换正币的纸币为借口，他们要重新发行新的国债。"

"您一语就道破了，确实如此！"德雷克歇钦佩地说。

"类似这样的传言在伦敦方面也是能得到的。"

这些传言是摩根从伦敦的父亲那里得知的。

第五章　战争中的持续发展

1. 太平洋铁路计划

杰伊·科克当时50岁，在南北战争时他受林肯政府的财政部长乔伊斯的请求，独家经营战争中的债券。此时他用收回纸币可能引起通货膨胀作为理由，要求格兰特政府发行新的国债，对于这项业务杰伊·科克企图独占的野心相当明显。

"杰伊·科克在南北战争中最起码曾经全力配合过北军作战，还协助过财政部长乔伊斯，可能由于格兰特总统曾经是北军元帅的缘故，对于他的要求是必须给点面子的。"

林肯政府在南北战争时发行的战争债券高达3亿美元，而其中的60％是由杰伊·科克销售出去的。

当接受乔伊斯的委托进入费城企业界之后，杰伊·科克也只有摩根父亲的伙伴——伦敦的皮博迪先生表示支持，其他人则由于北军为了抵制英国货物而征收高额关税，当地纺织业仰赖南军的棉花等原因，背后都更希望南军取得战争的胜利。比如哈林男爵、罗斯查尔男爵、巴黎的财经界以及英国政府等对于科克的请托都不十分积极，特别是在财政部长乔伊斯禁止进行黄金贸易、任意发行大量的纸币之后，他们的反应尤其冷淡。

摩根把溜到嘴边的话"我就以那位拿南军作为赌注，买入黄金……"又咽了回去。

"具有讽刺意味的是，科克并不理睬英国的金融界，而实际上他最大的主顾却是美国境内的德国移民，而且，这些德国移民基本上都集中在美国北部。在南北战争期间，德国移民非常需要旧大陆出口来的工业产品，因此，他们很希望在美国进行工业革命。并都很支持科克在费城进行的推销年利率6％、65点的战争债券活动。"

"哦……"摩根第一次得知这些内幕，聚精会神地听着。

"杰伊·科克即使在战争前夕，也向不少德裔犹太人推销了许多的国家债券。"

"在美国，我父亲最近成立联合募购组织，德国人并不支持法国的国债推销。"摩根苦笑着说。

"目前，掌握在德裔美国人手里的黄金，都集中在法兰克福，所以说，这是颇具讽刺意味的。"

"那就是罗斯查尔家族在法兰克福的银行啰！"

"是的，杰伊·科克成了罗斯查尔银行的国际企业联合组织成员，而贝尔蒙特则是伦敦罗斯查尔男爵在纽约的代表。"

"我和他见过一次面，对他知道一些，他是伊利海战中的英雄人物，娶了贝尔利总督的女儿做妻子，而且他还是个才华相当出众的人。"

"伦敦罗斯查尔男爵在纽约的代表贝尔蒙特，由于他的岳父是一个总督，因而华盛顿政府或者议会当局，不能不多少给一些面子。因此，杰伊·科克和罗斯查尔男爵此次联手的消息也就确有其事。"

"预计这一次要发行多少国债？"

"这一次要发行年利率为6%的国债3亿美元。"

"那么……"

虽然摩根早已有所考虑，不过，他还是安静地听德雷克歇还要继续说些什么。

"如今既然科克已经和德裔的犹太财团联手，我们这里也必须采取相应的对策。

"我想扩大你父亲建立的联合募购组织，您觉得怎么样？"

摩根从德雷克歇那得到长达一年的休假。德雷克歇还要新建大楼，他所做的这一切都是为了把摩根父子笼络麾下，以期利用摩根父子成立的美英法国际联合募购组织来与费城金融界的头号人物——杰伊·科克对抗。

摩根把话题岔开："在北太平洋铁路，科克也做了大笔的投资。"

"确实。"

"古尔德也把伊利铁路舍弃了，把目标指向北太平洋铁路！"

有一项横贯大陆的铁路法案在南北战争期间被通过了，此项计划中有一条就是摩根所提到的北太平洋铁路工程计划。根据该项计划，这条铁路将从明尼苏达州的苏必利尔湖起，一直延伸到华盛顿州的太平洋沿岸，中间横越洛基山脉，这无疑是一项非常庞大的铁路计划。

按照议会通过的法律规定，兴建这条铁路的时候，建筑铁路沿线的4700英亩土地必须要付给补助金，但由于受到南北战争的影响，建设补助金的现款一直未能凑齐，以至于推迟了5年才破土动工。到了1869年，有些人为了搞投机，在明尼苏达州的铁路计划沿线进行土地开发，投下了数额巨大的资金。

摩根调查后发现这是科克的杰作。

原来，新闻界被杰伊·科克买通了，沿线土地的魅力因为他们运用夸张的报道以及广告，而逐步得到强化。美国西北部（华盛顿及俄勒冈两个州）在未来开发土地的潜力，也由于新闻界过分的渲染，以致有这样的调侃——"剥了皮就知道熟不熟！"

"听说杰伊·科克想要推出1亿美元的铁路债券！"像这样的传言，摩根也曾经有所耳闻。

2. 摩根联合募购组织

1870年，北太平洋铁路开始兴建。

整个铁路工程在杰伊·科克向德国推出铁路债券的时候，也像应付似的从起点明尼亚波利市（明尼苏达州，苏必利尔湖西侧）开始动工了。此外，在西邻明尼苏达的北达科他州境内的密苏里河水源地附近，科克还计划兴建一座以德国首相俾斯麦的名字命名的城市。

"听说已经开始兴建俾斯麦城了！"

摩根带着一脸怀疑的表情："科克真的能完成这项巨大的工程吗？我可没有一点把握，我想这大概只是宣传而已！"

"他发行的债券金额，不管怎么说，也高达1亿美元。"

"我父亲承购的法国国债虽然销售得很成功，但是对于战争之后的德国来说，就是500万美元恐怕也没办法消化，就别说1亿美元了。"

"我看科克自己大概得投资500万美元。您说呢？"

"您指的是北太平洋铁路吗？"

"是的，铁路可是个花钱的地方啊！"德雷克歇对科克的失败表示期待。

摩根接着说："听说，当地的印第安人不同意撤离，还组织了战斗队，打算抵制兴建铁路。"

"那么，你的意见，编派讨伐印第安人的队伍，格兰特政权是否有这份余力？"

"这要取决于这一次发行的新国债的成果呀！"

"这件事，您是否决定了呢？您觉得怎么样？"

"我要和我父亲好好商量一下，我尽快给伦敦的父亲打电报。"

"去做！"——这是来自伦敦的答复。

囊括了纽约、伦敦、巴黎的联合募购组织现在又加入了德雷克歇银行，其势力更加庞大了，格兰特政府本想让杰伊·科克独自承购国债，这个时候也不得不再度考虑了。德雷克歇提出了"年利率6%，票面100点，承购3亿美元"的优厚条件，以此来阻挠科克独自一家承购的计划。

因为是以面额承购，并且只是以手续费销售，所以德雷克歇的战略计划是非常合理的。

德雷克歇在费城的后盾是《大众休闲报》，他利用这家报纸首先同科克的新闻喉舌展开新闻战，挑起战火猛烈地轰击科克。

当然，杰伊·科克也拥有庞大的通信网络，并不甘示弱。当初在承购南北战争债券时，科克的通信网就已经成立了，这个网络也是当时科克的整个战略组织中的一个环节。多达1500家的新闻机构加入了他的通信网，科克从这个通信网所造就的巨大舆论声势中获益匪浅。这个通信网迎战《大众休闲报》，它这样还击：

"摩根联合募购组织是为战败国（法国）做嫁衣，这就像寄生虫一样，政府应该把新发行的国债直接销售给人民，而不应该把它作为媒介。"

科克装聋作哑，根本就没提他自己在南北战争中曾经因销售战争债券而发家的事。

最后，政府提出了一个建议案，由科克及摩根联合募购组织各承购一半的国家债券。摩根达到了自己的目的。

大约在一年后的1873年9月，在纽约华尔街，两家大金融投资公司相继倒闭了。其中一家就是曾经被古尔德与菲克斯摆了一道的德尔——也是伊利铁路早期的收购者。

另一家则是杰伊·科克。正如德雷克歇同摩根预期的那样，由于他们没有办法消化掉北太平洋铁路的巨额债券，最终导致了破产。杰伊·科克本身由于对北太平洋铁路的过剩投资不能回收，最终愈陷愈深，无可挽救。

杰伊·科克——费城票子街及纽约华尔街的投资金融界头号人物一倒下，一场经济恐慌立即在华尔街引发开来，多达40家大公司在费城及华尔街因株连而倒闭。

德雷克歇对此感慨长叹："科克和德尔的破产，会不会意味着两个时代的交替？"

站在一旁的摩根默然地点了点头，表示认同。

"目前，曾经的投资方法纷纷过时了，这个时代迫切需要新的投资战略！"摩根对未来展望了一番，而德雷克歇的心思却始终关注着现实。

"解除黄金买卖的禁令是时代发展的一种必然趋势。"

"对于欧洲投资家的看法，我父亲在信件中也曾说经济混乱虽然发生了，但在本质上，美国仍具潜力，在美元上可以做更大的投资。但是，如果不解除类似于纸币的问题，恐怕就会……"摩根也回到现实的问题上来。

"对格兰特总统是否要施加点压力？"

"这就要靠我们投资银行家继续加强实力，以后的美国政治应该是资本家的政治！美国的政治绝不能委托给这样的政治家，让他们掌握美国政治！"

德雷克歇兴趣盎然地问道："哦？怎么这样说呢？"

摩根悠然自得地吐着烟圈儿，说："华尔街发展产业真正需要的，绝不是像科克或者德尔那样靠操纵股市赚钱为目的的投机家。"

3. 德雷克歇·摩根公司的成立

南北战争结束了。在战争期间停止了正币的兑换，以此来使流通纸币（俗称Greenback 的美钞）降低价值，停止兑换的正币（可兑换纸币的金币）战后依然没有恢复使用。

从相继而来的经济混乱中，弄清楚战后经济的状况是非常容易的。生产事业方面由于产业革命的影响虽然显得生气勃勃，但由于货币政策的失败，生产事业日益陷入了物价上涨的萧条之中。所谓"纸币通货膨胀"指的就是这种逐渐形成的长期不景气。

格兰特总统发行国债是为了收回纸币，但是，众所周知，国库空虚的事实是不容否认的，因此国债缺乏保证，也基本上无人问津，这进一步加剧了通货膨胀的严峻性。由纸币的发行不当导致的通货膨胀让一些人获得利益。而这些人是希望继续发行纸币的，并且人数还不少，既有移居西部和中西部开创新天地的移民，也包括一些南方的移民。北部和东部的工业矿业企业的从业人员由于不论通货膨胀达到多么严重的情形，仍然必须使用而购买商品，由此而产生的供求关系又促使商品价格飙升。而且土地的担保价格——当初开拓时向银行贷款的抵押品，也意外地提高了。

在华盛顿，农民利益代表团的议员组成了"绿背票党"，他们声称"解决不景气的最好办法是通货膨胀"，把东部的劳动者煽动起来制造暴动。这个党有许多农民加入，由此"继续发行纸币"的要求更加高涨了。

对于新党的要求，格兰特总统不仅不予理睬，反而在1875年制定并颁布了《正币兑换复原法》，使得正币兑换合法化，希望以此促使物价保持稳定。但实际上同南北战争时代相比，上涨幅度已经达到原来2倍的物价却依旧居高不下，复原法也不过徒有其表，并未起到实际作用。

1873年，由于杰伊·科克和德尔相继破产而导致经济恐慌爆发之后，摩根就静静地观察着时势的演变，而不敢轻举妄动。摩根聪明但谨小慎微，连同其经济合伙人德雷克歇也属于保守派，对于时势的变迁尤其敏感，他们都在等待着成熟的时机。

杰伊·科克倒闭后的第5年，即1878年，美国第19任总统海斯（1822～1893年，共和党人，原为律师，后担任北军少将，战后以俄亥俄州州长的身份竞选总统取得成功）任命夏曼为财政部长，因为他是正币复原论坚定的拥护者之一。摩根和德雷克歇苦苦等待的时机终于出现了。

"我已经见过夏曼了，他打算发行5000万有国库金币保证的新国债，这5000万美元作为恢复兑换正币的序幕，他问我们是否愿意帮忙？"

"怎么算利息呢？"

"4%～4.5%，利息虽然低，但有保障……"

对此，德雷克歇非常动心，摩根也给伦敦的父亲发电报询问。

吉诺斯复电表示赞同："同意你和德雷克歇建立企业联盟，承购夏曼的国债。"

对于这5000万美元的国债，其实摩根本人也相当希望承购。

他心里暗自窃喜着，能够有所助益于财政部长夏曼恢复正币兑换的冒险行动，对政府的财政政策施加影响，让他有点自负。

对于夏曼实行的财政政策，除了罗斯查尔以外，并未得到伦敦、巴黎金融界的大力支持，甚至有些人还从纽约买回黄金，这些手段的实施直接威胁到正币兑换复原的实施。夏曼不得不与摩根合作来谋求对策。

他们执行的年利率是4%，2500万美元的国债在伦敦被消化掉了，然后黄金就被美国财政当局吸收回去。

1879年1月2日，"德雷克歇·摩根公司"新办公大楼在纽约华尔街竣工了，这座用条石砌筑的建筑共7层，宏伟而壮观，在来自纽约湾的强劲寒风袭击下，大楼门前的星条旗哗哗作响，更加显示出了大楼主人的非凡气势。

4. 坚韧不拔的意志

刚刚度完年假回到公司上班的摩根，很快就从电报中得到了一个好消息："成功了！财政部长夏曼的兑换正币政策终于获得成功了！"摩根和他的智囊们不胜欢喜，纷纷举杯畅饮。

这个时候已近42岁的摩根仍旧不满足于现状，常常提醒自己："我应当加劲干了！父亲和皮博迪先生在我这年龄的时候都已经做出非常辉煌的成就了。"

实际上，这时候的摩根已经取得了令人羡慕不已的成就。在麦迪逊街219号，他不仅买下了一栋造价昂贵的豪华宅邸，而且还在位于哈得逊河上游左岸的克拉格颂村，拥有一个快艇港口，占地2000英亩（大约合245万平方米）。此外，他还购买了一栋殖民地的大别墅，这栋别墅含有长方形的网球场，与哈得逊河彼岸的洛克菲勒的别墅遥遥相对，西点军校所在地的"商地"丘陵就在别墅后面。

摩根在别墅里养了4只漂亮的牧羊犬，2匹马，分别命名为"黛"和"玛格丽特"，都产在肯塔基。在假日里，摩根会驾着马车带领全家人去村中的教会。

摩根总是把络腮胡子刮得非常干净，下颚的胡子也被刮掉了，而留着的上唇八字形胡须则修得整整齐齐，这些胡须的末梢还稍有弯曲，这充分展现出他那坚定的意志。

摩根始终过着极为充实的生活，但是，6年前杰伊·科克倒闭的时候，他与德雷克歇的约定还没有忘记——"像侵略那种模式的投机，是绝对不能从事的，希望能够坐镇指挥于华尔街，成为全美国企业界的领袖。"

在此年度的伊始，摩根再度回忆起了这句曾经自我砥砺的话。

马希·兹德是垄断纽约市政和州政的塔玛尼·赫尔派的头号政治人物，他早在一年前就去世了。塔玛尼·赫尔派的政治团体是由特拉华的印第安酋长组织的，在头号人物兹德的率领下，贪污、贿赂、渎职无恶不作。兹德的过世理所当然地削弱了赫尔派的势力，就连与兹德有密切关系的古尔德也深受影响。

"据说，古尔德已经把伊利铁路的股份卖掉了，把他的事业重心转移到美国的西部，不知道这样的传言是不是真的？"摩根喃喃自语，他习惯性地把雪茄点燃，回忆起惨烈的A-S铁路战争和"黑色星期五"事件。

室内的大桌子是高级橡木做的，对面是暖炉，装饰着银线的天花板，厚实的书柜等家具塑造出一种厚重的气氛。可是，挂在墙壁上的油画却和整个房间格调十分不协调，摩根环视着办公室，毫无理由地想起那个大胡子古尔德……

秘书进来，打断了摩根的思路，他报告："凡德毕尔特先生求见，想向你拜个年！"

C.凡德毕尔特被称为"小偷贵族"，他是美国全国首屈一指的铁路业巨子，他以83岁的高龄在两年前去世，留下了一笔数额巨大的财富。对于这位寿终正寝的企业家，摩根有一种特别的亲切感。对于古尔德则相反，充满敌意，特别是在伊利铁路争夺战中，凡德毕尔特在古尔德手下败北被摩根知道之后，他对古尔德的厌恶更是加剧了。

来给摩根拜年的是威廉·凡德毕尔特，老凡德毕尔特的长子。威廉·凡德毕尔特比摩根年长16岁，他把父亲的产业继承下来，接管了纽约的中央铁路。

"恭喜恭喜！真是不敢当啊，您远道而来！"对于这位长辈，摩根表示了敬意。

用同样恳切的态度，威廉回答道："彼此！彼此！"铁路事业的继承者威廉和出身于船老大的亡父，不论在个性上还是在外表上都迥然不同。白手起家的父亲显示出坚毅与严肃，而威廉则显得有点羸弱。

"不知你注意到新闻媒介对纽约中央铁路贪图暴利进行的大肆攻击没有？"

这些消息，摩根当然早有了解了，但威廉应该还有下文，所以他等威廉接着往下说。

"州政府企图把中央铁路打垮，向公民征收明显不合理的州税。"

摩根听说这些话颇为愕然，把头偏过去，慢慢地吐出了一个烟圈儿。

"真让人头疼，实际上，我真的没什么事业心！"威廉曾经离开家去斯达汀岛进行农业耕作。此时，他显出一脸的厌倦表情。

威廉·凡德毕尔特与摩根约定，当天晚上，摩根到第五街的凡德毕尔特寓所共进晚餐，然后，凡德毕尔特就离开了摩根的办公室。

5. 顺利扭转铁路的恶劣形象

　　凡德毕尔特堪称铁路巨子，他的宅邸富丽堂皇。圆柱和地板都是用来自意大利的大理石做的，地板上铺着昂贵的波斯地毯，装饰画都是购自欧洲的名画，这些让摩根叹为观止，价值连城、雕刻精细的银制餐具也摆放在餐桌上。当天晚上，凡德毕尔特和摩根共同享用了一顿丰盛精美的晚餐，有细嫩的小牛脊肉、香醇的美酒，此外还有苏俄鱼子酱、大龙虾等等。

　　"纽约中央铁路的股份，我想把它开放了！"

　　"啊！"听了这话，摩根大惊，甚至于失声喊了出来，尽管他心里明白自己万万不可失态。

　　"父亲的遗产由我继承了，因而有人讥讽我为章鱼、蟒蛇，股份如果开放了，我就不会是批评指责的唯一目标了吧？"

　　"这话是对，但处理的方式如何也要看啊，你总该不会把50%以上的股份让出来吧？"

　　"我可真没料想到。"

　　"那么，你打算把多少股份让出来呢？"

　　"35万股。"

　　摩根又大吃一惊，不过，他举起酒杯呷了一口，一边压抑住自己激动的情绪，一边又问道：

　　"每股要以多少点出让呢？"

　　"嗯！大约是在120点到130点之间。"

　　"这样有点……"

　　"你是不是觉得太贵了？"

　　"恕我冒昧，目前，纽约中央铁路的时价差不多是在115点上下。"摩根心里想，跟底价相差一些应该是没有问题的吧！他生怕估得太低了，凡德毕尔特一怒之下就会打消此主意。然后，用他那习惯性的口吻对凡德毕尔特先生提醒道：

"出让35万股的事情千万要严守秘密，否则，一旦消息泄露，价格马上就会跌下来的！"

"这我明白，所以我才麻烦您到我这儿来一趟商量呀！"

"噢，我知道了，您觉得由我父亲在伦敦负责销售怎么样？"

"不会走漏消息吧？"

"消息是不可能走漏的！我打算通过我和我父亲的一流联合募购组织，尽快将你出让的股票卖小额买主。"

"那太好了，如此来说，您愿意承购这些股票了？"

摩根腰杆挺直，调整了一下坐姿，皮制的椅子被压得嘎嘎作响。他答道："是的，但是……是有条件的。"

摩根也年纪大了，头发稀疏，皱纹也越来越多，由于心中有着坚定的意志，他的表情还是显得非常严肃，看起来还有些让人害怕。

凡德毕尔特问道："条件……什么条件？"

"第一个条件是，必须能在5年内保证我享有8％的股票红利！"

"这可以，没有问题，除了与宾夕法尼亚铁路分占业界头筹以外，我的铁路成就也都非常不错的，红利一定能够分到。"

"第二个条件，是有关股份让渡的。无论将股票卖给谁，我都是希望可以成为公司的负责人之一。"摩根的背脊挺得笔直。

"这……为了能够让这些占股份一半以下的股票持有者平安无事，而且，凭借着你的智慧，也是我所期望的，你的要求完全我答应。"

"那好吧，就这样办！"

纽约中央铁路的股票由伦敦的J.S.摩根公司销售，实际上销售出去的总额是2500万美元。

对于约定，摩根完全遵守，此次交易没有泄露给任何人，无论是一般大众还是企业界。除了国债之外，这次私人企业股票交易是有史以来最大的一次。同时，这也是美国铁路股票首次以个人交涉方式达成的秘密交易。

在这次交易中，摩根和凡德毕尔特协定的条件也为此后的英美之间股票交易开了先河。

摩根通过这次交易，在纽约中央铁路渗进了自己的势力，他自己也成了铁路的负责人之一，在铁路业中实现"华尔街指令"的目的达到了。

同时，还附带着别的收获，摩根在伦敦的信用也随之逐渐提升。他在伦敦的地位也更为稳固了，因为他发表了一篇计划，这个计划翔实且精密，表明了他打算把纽约中央铁路网加以扩大改造，降低车费，以此给顾客带来实惠。

此前，伦敦对华尔街的评价一直处于较低水平。自南北战争以来，英国的大众投资家们对美利坚合众国寄以殷切的期盼，除政府的国债之外，他们还冒巨大的风险把美国铁路公司发行的股份和债券购买进来，因此也发生了非常多吃亏上当的事情。

自私自利的掠夺者——美国铁路公司股份的买卖双方确实如此，即使是铺设铁路，他们的目的也都是立足于一己私利。

但摩根扭转了这种恶劣的形象，无论是谁都会承认由他管理的纽约中央铁路是一流的铁路。况且，他不寻常地再次打破惯例，出人意料地发表了买卖之后的经营策略和路线扩充计划，这些都巧妙地说服了伦敦大众，因此不再有人对他持怀疑态度。

纽约中央铁路的股票是以119点销售出去的，但立刻股票就暴涨到132点，不久就在135点上稳定下来。摩根和德雷克歇在这一次交易中赚取了300万美元，利润在10%以上。但更重要的是，摩根为自己赢得了伦敦和美国业界的信任和肯定。

6. 谨记父亲的训勉

海斯政府的财政部长夏曼不顾国库空虚的情形，仍然顽固地冒着极大的风险强行推行兑换正币复原法。在这种十分恶劣的情势之下，因为欧洲发生了冻灾，并引发了十分严重的谷物缺乏现象，意外地挽救了必然会失败的夏曼。

当时，美国中西部地区包括在统称的西部之中，位于这里的宾夕法尼亚州、俄亥俄州、密歇根州、印第安纳州、威斯康星州、明尼苏达州以及爱达荷州等农业地带出产的小麦、玉米等以惊人的速度销售出去。由于运往欧洲的谷物急剧增加，所以并没有发生专家们所担忧的资金外流问题。相反，伦敦、巴黎等地的资金却源源不断地流入纽约。

由于突然间德雷克歇—摩根公司的业务繁忙起来，在一年之间，摩根至少要在伦敦、纽约之间往返一次。

重新开始进行正币兑换后的第5年春天，威廉·凡德毕尔特委托摩根父子在伦敦连续5年替纽约中央铁路销售股票。

"我觉得，摩根，你应该仔仔细细地想一想！"这是某一天吉诺斯在郑重地训勉摩根。

吉诺斯身穿款式时髦的灰色小背心，佩戴着带蓝色圆点的领带，然后在外面罩着一件藏青色的短大衣，尽管吉诺斯已经72岁了，但他仍然十分讲究穿着。对于他，谁都看不出他是一位美国籍的外国人，因为，他给人的印象就如一位年长的英国绅士。

"纽约中央铁路在威廉·凡德毕尔特时期的总裁是谁？"

"大概是琼斯·德普。"

"是另一个和洛克菲勒铁路联盟有关系的吧？"

"是的，那个人叫约翰·迪贝尔，是西亚特兰大铁路的现任总裁。曾经做过律师的德普在摩根的堂兄艾德担任纽约州州长的时候也是艾德的幕僚，在安德鲁·约翰逊任总统的时候，曾经委派他担任第一任驻日大使。"

"你曾经照顾过吗？"

显得十分自信的摩根说："他做过老凡德毕尔特的顾问，这也……"

父亲拉着嗓门，又从背心的口袋里把丝手帕拿出来擦鼻涕，他说："纽约中央铁路是不是答应了在5年之内给你8%的红利？"

"发行已经5年了，现在也已经降到了4%。"

"未免太过分了吧，4%！"父亲显然很生气。

摩根坦诚地把头低下来向父亲认错："是……"

"做事，我们必须要讲求信用，英国人一向轻视美国人，可是我现在在伦敦的信用则是绝对的，因此，业界和银行才愿意加入我们的联合募购组织，也正因为我们的联合募购组织得到了一般顾客的信任，纽约中央铁路的股票才能有2500万美元的巨额票券销售出去。"

"我清楚。"

"其实，英国的一般投资家也愿意与我们美利坚合众国的业界共同开创新局面，当然，这无疑也是一种投机心理，他们预料到美国在将来会有发展。"

"是这样的！"

"不要那4%的红利了，现在英国正在闹饥荒，在3～4年之内，只有从美国大量地购买粮食才能生存下去，纽约中央铁路的经营状况不管怎么样，我们都不应该辜负英国人对于我们的信任。"

现在，横渡大西洋所需的时间大大地缩短为10天了。

7. 铁路整合——再组织者

搭乘"不列颠号"返回纽约的摩根在船舱里回想着父亲在临别

之前和他说的一席话。

父亲说得很有理，是啊，那些英国人，不论是伦敦的贵族还是农村的佃农，纷纷从银行提出存款来买美国铁路的股票，作为美国人决不能在这种时候不讲道义，甚至于落井下石！

暂且不论五大湖畔的农业地带的农民从英国的饥荒中获取多少利益，在短短的2年之内美国的铁路延长到超过3万英里（大约合4.8万公里），这相当于纽约到旧金山之间直线距离的10倍以上，而且在这2到3年之内，铁路距离的增加率超过了30%。总之，在短短的10年间，铁路总计从1870年的5.2万英里（大约计8.32万公里）增加到9万英里（大约合14.4万公里）。

由于农产品、煤矿、钢铁、石油的运输量急剧增加，在短短的20英里（大约合32公里）的纽约州的都奥尔巴尼和五大湖畔的水牛城之间居然有4条铁路并行。

铁轨的宽度都不相同，轨间的距离也互不相同，从支线运来的货物就必须转到铁路的干线上来，因而，中转站里停有各种类型的蒸汽机车、客车和货车等。为此必须把轨间的距离改变，同时解决中转站的转运设备问题。

总资本投下后进行铁路建设的总额达到了40亿美元，但铁路建设简直没有一点规划，铁路业者还毫无节制地发行公司债券。据估计，铁路公司的公司债券及负债总额高达20亿美元。

"在纽约和芝加哥之间，已经完成了5条铁路干线的建筑，另外，还有2条铁路正在兴建着。"摩根在甲板上一边踱着步，一边喃喃自语。

拂晓时分，缓缓从远处的海平面冉冉升起鲜红的太阳，闪耀着火焰一样的光芒，突然间，灰暗的天际一下子被染成了金黄色。除了晨曦的柔和外，还多了一分光与热。

摩根暗自下定了决心："一定要做个Fixer！"

"Fixer"指的是安排骗局的人，而在加拿大和美国，又另外衍生出了两种解释——"贿赂者"和"阴谋家"。

前文中提到过的兹德——塔玛尼·赫尔派的大头目在当时就是最典型的"Fixer"。尽管这位大头目在多起贿赂案件中被揭发,并且也都被定了罪,但是每次进监狱的第二天,就会大摇大摆地从监狱的大门走出来。就这样,纽约的政界也逐渐败坏下去了。

以摩根过去进行的咖啡投机、步枪买卖、黑市黄金、炒股票等作为,或可归类于"阴谋家"、"掠夺者"之流,但是,由于临别时父亲说的一番赠言,使他幡然醒悟,并下定决心要把美国的铁路进行整合,从而变成"再组织者"。

摩根决心已定,要不断地购买铁路加以整合,结果形成了超过洛克菲勒、卡内基的更为彻底的"垄断"。

8. 声东击西的策略

摩根从伦敦一返回到美国就找来了德普,把他邀请到麦迪逊街的寓所,在自己的书斋同他密谈。

自从卸任驻日大使,德普回到了美国已经超过了10年。他过去给老凡德毕尔特担任法律顾问,后来掌管了纽约中央铁路。才华横溢的德普,演说时非常风趣、机智。作为一位名律师,德普很快就遵照着摩根的指示,把有关西海岸铁路的详尽资料收集起来,赶到摩根麦迪逊街219号的寓所。

"除了沃里谢夫外,西海岸铁路的股东还有哪些人?"摩根开门见山地问德普。

华尔街有名的"产业投机者"沃里谢夫是一个职业销售掮客。像沃里谢夫一样的掮客中,有非常多的投机分子,一看股票将要下跌,他们就马上把股票抛售出去,随后再把股票买进,通过这种手段来牟取私利。

"原来的陆军技术官恩斯罗将军和波塔准将也都是合伙人。"

摩根叹了口气说："这些人都是有名的投机分子啊！"

与曼哈顿隔着纽约湾遥遥相对的新泽西城是西海岸铁路的起点，西海岸铁路的路线与纽约中央铁路的路线完全平行，从新泽西城出发的西海岸铁路，沿着哈得逊河北上，途经奥尔巴尼，最后到达终点五大湖畔的水牛城。

运用华而不实的宣传，一些投机分子声称，无论建设费用多么低廉，运送谷物的利益也可以得到。有4000万美元的公司债券被业者发行，但所有权人保留了大部分，因为销售的数量很有限。投下的巨额资本为了能够得到回收，一开始竞争就削减价格，在纽约和芝加哥之间，使得只是1元的运费也可一下子被打对折。

"要说服成交，能不能有办法？"

德普摇了摇头，表示了不乐观的前景："恐怕有困难！"

"为什么？"

"威廉·凡德毕尔特根本就不打算承购这条铁路……对这种事，那位大老爷没兴趣，这是第一个原因。"

"我能说服他，这没什么关系。"

"但是，最主要的原因还不是这个。实际上……您或许也晓得，宾夕法尼亚铁路的董事长罗勃兹……"

"西海岸铁路，他也想收购？"

"是的，听说契约买卖已经在暗暗进行，这是一个秘密。你在英国旅行期间，据我所获得的情报来看，罗勃兹想乘虚而入，西海岸铁路已经面临破产危机了。"

执掌宾夕法尼亚铁路大权的人，继艾加·汤姆逊和汤姆·史考特之后的就是乔治·罗勃兹。自纽约的专科技术学校毕业后，罗勃兹就进入到宾夕法尼亚铁路，并被派往亚利加尼的山区路线，拿着铁锹与测量杆负责对现场的工作进行监督，拼命地趁机扩张路线。除了把匹兹堡以西的铁路延长以外，他还打算收购重复的地方支线，以此来使他的宾夕法尼亚铁路系统计划得到完成。

"如果西海岸铁路被罗勃兹以稍高一些的价钱买了去，就能对抗纽约中央铁路，并实现自己的宾夕法尼亚的铁路系统计划。"

"正是如此！罗勃兹希望能够利用自己的铁路把五大湖地区、中西部地区的谷物，以及匹兹堡的钢铁等通过干线和支线的配合运到纽约。"

"他能不能把安德鲁·卡内基拉拢过去呢？"

"嗯？"

安德鲁·卡内基一向是摩根不喜欢的人物。听到罗勃兹有可能拉拢卡内基，德普吓了一跳，他狐疑地问：

"卡内基和罗勃兹不是合不来的吗？"

"可能他们争执过。"

"哦！那么就请凡德毕尔特去把卡内基拉拢过来……事实上，拉拢是大可不必了，目前凡德毕尔特和卡内基正合伙兴建南宾夕法尼亚铁路哪！"

"说的也对。"

"卡内基如果能被说服，南宾夕法尼亚铁路就可以被利用……"

这种声东击西的战略，就连德普都没有想到。

凡德毕尔特兴建南宾夕法尼亚铁路投资500万美元，匹兹堡的钢铁大王卡内基也为之投资500万美元。南宾夕法尼亚铁路是由宾夕法尼亚州的州政府哈利斯堡一直到钢铁之都匹兹堡的，与原有的宾夕法尼亚铁路路线完全平行，这可说是别无所取，只是和宾夕法尼亚铁路对抗而已。

"建设南宾夕法尼亚铁路所需的费用超出了卡内基的预算，他曾经打算把这条铁路卖给罗勃兹，但碰了钉子。"德普又弄到了新情报。

"那，两人吵架了吗？"

"听说吵起来了。"

"哈！哈……太有趣了！"摩根仰天大笑。

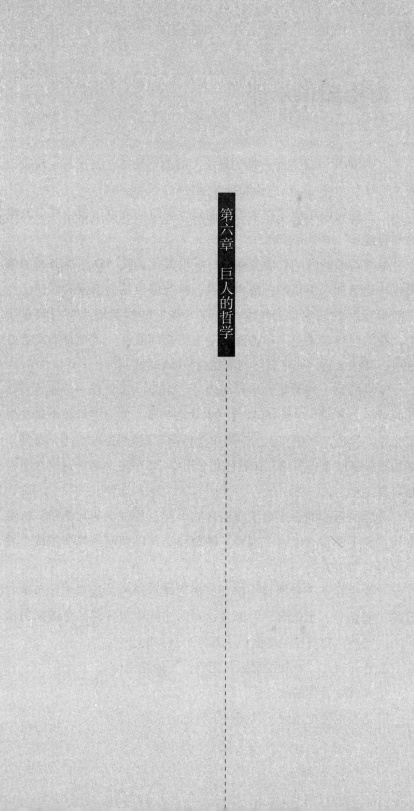

第六章　巨人的哲学

1. 海盗船俱乐部

CORSAIR（海盗船）指的是北美的海岸地区，土耳其人或撒拉逊人的政府允许他们的海盗船抢夺基督教国家的商船。

"海盗船俱乐部"在摩根的倡议下在纽约成立，俱乐部由摩根的"海盗号"游艇而得名。

标准石油的纽约代表威廉——石油大王约翰·D.洛克菲勒的弟弟也被邀请加入俱乐部，成为会员，并与摩根结为亲密的好友。海盗船俱乐部的固定聚会每个月一次，他们的相聚地点有时候在纽约，有的时候是乘坐摩根的海盗号进行夜间航行，通常是沿着哈得逊河一路往上游，一直航行到他在克拉格颂的别墅。

摩根的第一艘游艇并不是海盗号，而是以露易莎——他的大女儿的名字命名的。全长160英尺（大约合48米）的海盗号整个船身都被涂成了黑色。摩根在他的一生中总计造了3艘海盗号游艇，而且豪华的船身都被涂成黑色，并模仿北非用CORSAIR命名，这也令摩根暗自很得意。

游艇俱乐部的王座由于海盗号的出现，从过世的凡德毕尔特身上转移到了摩根身上，"提督"的尊称也从以前的凡德毕尔特专属而改冠到摩根头上。

"我想在下个星期日，把宾夕法尼亚铁路的总裁罗勃兹邀请到我的'海盗号'上做客！"摩根这样向纽约中央铁路的总裁德普提出来。当然，德普也是海盗俱乐部不可缺少的会员。

德普问道："罗勃兹愿意赏光吗？"他毫无信心。

"那就要看你的技巧了！"

"是否也要把威廉·凡德毕尔特邀请来呢？"

"不必了！没有这个必要，只要有你代表中央铁路就够了！"

凡德毕尔特被摩根请到了麦迪逊街219号的寓所后，摩根随即开始说服他，花了整整两个晚上的时间后，说服工作才终于获得成功。

"西海岸铁路，你想不想买？"凡德毕尔特被摩根提出的这一问题吓了一大跳，他说：

"什么？买条铁路？"

"是的！现在虽然入不敷出，亏空也不少，但是不一定就不值得买。如果路线与纽约中央铁路平行的话，未来的发展性可能就不怎么样。但如果从纽约到芝加哥，再由芝加哥一直延伸至加利福尼亚州，它将成为五大湖地区最大的动脉干线。在这个竞争异常激烈的时代，如果放弃了的话，就可能会导致纽约中央铁路也落个倒闭的下场。"摩根话里带着几分威胁的意味。

"这……我也这样想，但是，一直呈赤字的西海岸铁路只能不断地发行虚增的转换债券，我一直在买，一直买，但最后都被迫要放弃掉了，濒临破产的那条铁路，现在连一块钱都拿不出来！"凡德毕尔特用微弱的语气说道。

"有人说这条长达400英里（大约合640公里）的铁路，是一条可以吞下7000万美元的巨鲸，我相信你也懂得这句话的含义，我认为我们没有理由把它放弃掉，就算……我拜托你买下来可以吗？"

凡德毕尔特十分清楚摩根的战略，即使他的请求被拒绝，摩根也能够买下西海岸铁路！西海岸铁路尽管即将破产，不，应该说已经破产了，罗勃兹作为宾夕法尼亚铁路的董事长仍然购买这条铁路的股票。经营尽管亏空，销售的价钱也绝对是不便宜的，那么为什么摩根非要买下这些股票不可呢？

"那好，就照你的意思办吧！"虽然凡德毕尔特满腹疑问，对于摩根的要求，他仍然答应了。作为弱者，他是无法坚持到底的。

2. 与罗勃兹先生的争论

"海盗号"的甲板上赫然摆着一堆法国进口的白葡萄酒，客舱里除了山珍海味之外，还有使人垂涎欲滴的草莓派、莎莉雪藏蛋糕、古巴海岸捕获的加勒比海虾、缅因州产的贝类等等，银制餐具闪闪发亮，所有的布置都十分考究。

"罗勃兹先生，听说你在大学里面是位高材生，什么时候毕业的？"

"1849年，我毕业之际，加州正兴淘金热，所以我刚好就碰上了。"罗勃兹用极为狂妄的态度回答，谈吐间显示出一副倨傲的神情。

"您一毕业就进宾夕法尼亚铁路了吗？"

"是的，被分配到亚利加尼山区路线。"

"若不是给你们这些掮客的面子，就凭我这位大铁路的董事长，怎会轻易而来？"这位被人们称做"响尾蛇"的铁路巨子罗勃兹心里这么想的，脸上也显示出骄矜之气。他大把大把地吃着草莓，一副你要我来、有屁快放的神态。

摩根也渐渐地把话引入正题。

"汤姆·史考特任总裁时，您是副总裁吧？"

"提拔我的不是汤姆·史考特，而是艾加·汤姆逊。"

"我曾借了一点钱给汤姆·史考特，遗憾的是……他后来脑袋中风，而在德克萨斯·太平洋铁路线的投资也全泡汤了。"

"得克萨斯·太平洋铁路线？当时不是你融资给他，鼓动他买的吗？"

摩根看到这个比他大4岁的罗勃兹似乎一直占上风，便开始转移话题，攻击他的弱点。

"史考特的失败应归结于时机不对。当时，他明知自己资金不足，却硬着头皮将南部的那些因战争而荒废的铁路纳入宾夕法尼亚系统中来，结果当然是要失败的啦！弗吉尼亚州里士满以南的铁路都是这样被买下的……"

　　"我买下纽约北部的地方铁路，想一直将它延伸到五大湖以西！"

　　"那好哇！罗勃兹先生毕竟是罗勃兹先生！即使买下的是破产了的铁路也会扭转乾坤，将它经营得很好的。不过……和南宾夕法尼亚铁路的争夺战进展得如何呢？"

　　海盗船在通往古拉格颂别墅的哈得逊河岸前，德普手拿酒杯加入了摩根和罗勃兹之间的谈话：

　　"你在西海岸铁路争夺中是稳操胜券了，堂堂的凡德毕尔特居然在你面前败下阵来。话说回来，或许凡德毕尔特在西海岸铁路之争中输了，但是如果他与强手卡内基联手，那么你对南宾夕法尼亚铁路争夺的胜算就很难说了。"洞悉摩根心意的德普以间接强迫的方式企图说服罗勃兹，摩根立即按着他的口气说下去：

　　"在资金上，我会全力支持凡德毕尔特，而他本人也已经决心血战到底。"

　　"那好啊，我一定奉陪到底。"罗勃兹毫不犹豫地回答道，语气十分强硬。

　　直到船靠岸了，两人间的争论还没有停止。

3. 历史性大妥协

　　黄昏将至，晚餐也早已准备好了。

　　"最近我正在节食，但是压抑食欲实在是一件非常痛苦的事情。"德普开玩笑地说。

"我们边吃边谈吧！吃饭时用脑影响食欲，像我和罗勃兹这样的人应该感谢上帝让我们每天能吃得下晚饭。"

他们在下午6点左右时离开了别墅，起航踏上归途。"海盗号"在一片迷茫的夜色中回到了华尔街所在的曼哈顿岛。

"罗勃兹先生，我想咱们应该停止这场没有意义的苦战了吧！"临别前，摩根扔下了这句话。

"停战的条件呢？说来听听！"

罗勃兹也许是喝醉了。听到这句话，摩根感到特别意外。

"德普，快将预算表拿给罗勃兹董事长看看！"

片刻间，德普把早已准备好的预算表摊开，放在客舱中间的桌子上，以实际数据来向罗勃兹说明，万一凡德毕尔特和卡内基在南宾夕法尼亚的铁路工程停止了，将会遭受极为惨重的损失等等。

"这只是到目前为止所投下的实际建设费用，用来补偿宾夕法尼亚的铁路损失，足够了吧！"德普直截了当地开出价码。

"也就是说用成本价就可以买下南宾夕法尼亚铁路啰！"罗勃兹点燃烟斗。

"没错，够便宜了吧！但对宾夕法尼亚铁路而言，可以消除一条价值远大于此的竞争路线！"

摩根也点燃雪茄，一时间，烟雾在狭窄的船舱内弥漫。不知何时，纽约湾的上空已笼罩上了浓浓的夜雾。"海盗号"鸣起了汽笛。

"嗯……然后，我也把西海岸铁路的股价以收买时的原价卖给纽约中央铁路，是吗？"罗勃兹很快就弄明白是怎么回事了。

"是的！你意下如何呢？是否立即决定签约？"德普紧追不舍。

"也就是说让居于铁路业之首的宾夕法尼亚铁路以成本价向凡德毕尔特及卡内基买下兴建中的南宾夕法尼亚铁路，而将煞费苦心买下的、居铁路业第二把交椅的中央铁路——西海岸铁路卖给凡德毕尔特，这……"

"没错！您是拿正在下沉的木船换一条建造中的军舰，这交易可是划得来的，哈哈……"摩根插进来说。

"那么，和解吧。"

"就这么决定！"德普伸出了右手。

"那么……居第三把交椅的古尔德呢？"罗勃兹突然提起卖掉古尔德这条伊利铁路西移的铁路。

"这……古尔德将目标从密苏里转向太平洋岸……"摩根咬着雪茄，一时无言以答。

"海盗号"客舱中继续进行着关于铁路并行的重要会谈，到了晚上已进入细节阶段。

真相一揭开，连摩根也吓了一大跳。罗勃兹坦白地说出购买西海岸铁路的价钱只不过2200万美元，然而拥有这条铁路的投机分子却蒙骗了一般投资者，发行巨额的公司债券，金额高达5000万美元，以增强罗勃兹的购买欲望。

"这2200万美元……我买下了！"

摩根以凡德毕尔特没有拥有自己独立资金为由独自买下了西海岸铁路，并和纽约中央铁路签了199年的租约。摩根排斥凡德毕尔特而单独买下西海岸铁路的另一个理由是：凡德毕尔特已买下了纽约中央铁路，为了排除舆论攻击，避免垄断的恶名，除此之外别无选择。

然而，摩根又私下里将纽约中央铁路置于他庞大的计划之中，不可否认，他希望通过纽约中央铁路这块当时最具有战略价值的跳板，将其他的铁路一一纳入掌握之中。

威廉·凡德毕尔特突然身亡，那是发生在签约后不久的事。

尽管有人认为这是一种出乎意料的巧合，但摆在眼前的事实却不容否定。在营运收入依然丰富的情形下，最具发展潜力的主要干道——纽约中央铁路，为巨大财力的摩根所独占。

此后一年，对于摩根的新闻评论始终是褒贬不一。

保守派的《商业财政年刊》指出：

"这是一场彻头彻尾的倾销战。一下子跌入谷底的铁路运费在去年夏天于'海盗号'上达成历史性大妥协后，出现再度回升。摩根介入的同时，为了消除铁路企业之间的恶性竞争，将纽约到芝加哥的费用上涨到头等20美元、二等17美元。大西部（中西部及西部）各州的主要煤矿公司代表，于本周在摩根的麦迪逊街寓所会商，并且经过摩根从中周旋，代表们签订了一份减产的秘密协定，也同意今后在摩根的协商下维持一定的价格水平。新煤矿联盟秘密决定了本年度的总产量升至3350万吨（去年为3160万吨），并运用战略将每吨的价格提至0.25美元。"

而《纽约时报》，则不这样0认为，他们说：

"总而言之，这个由新煤矿联盟所达成的协定，目的在于控制一般国民生活所需的基本物资，成立以企业联盟为假象的'政府'，进行罔顾民生的摩根增税案。"

4. 美国殖民经济的形成

美国，在它的殖民时代根本没有什么金融机构，只是利用英国、荷兰、西班牙等国铸造的货币来从事买卖，甚至还用香烟、毛皮、威士忌作为替代物进行最原始、最直接的物物交换。因为，在移民者稀少的时代，这一切并不妨碍大局。

到了1650年，即"五月花号"到达美国后的30年，马萨诸塞州的移民、波斯顿的约翰·哈尔特铸造了一种称之为"pine-tree Schilling"的金币，因其表面刻有松树图案而得名。但是，时隔不久，英国政府就撤销了这个硬币铸造所。

40年后，即1690年，在交换媒介迫切需求的状况下，马萨诸塞州的移民冲破联邦政府的阻挠，开始发行交换用的纸币，其他州的移民纷纷效仿，掀开了美国金融史上的第一页。

在美国独立革命的众多起因之中，除了英国圣公会和其他教派的纠葛、政教纷杂、想要脱离旧大陆支配体制等政治性、宗教性的理由之外，英国对金融的控制而引起经济反动这个原因也不容忽视。

当时，英格兰殖民地的移民以及弗吉尼亚以南的大农场主们，也由于各种不同的原因对政府不满。

北部殖民地的移民们开始从英国本土上买进耕作机械、枪支等各种工业制品，但是他们没有与南方移民一样，可以有烟草、棉花等农作物销售给英国，他们几乎没有什么可供输出的产品，除了皮毛之外。英国以进行现金交易的方式压榨殖民地。

在这种情况下，北部移民只好大费周折，先通过将木材、小麦、肉类等运输到西印度群岛，然后从西印度群岛输入棉花、砂糖及蜂蜜等用来交换非洲的奴隶，再将他们倒卖到西印度群岛，最终才得到现金。

南部移民的运气似乎好得多，他们只需将烟草、棉花、木材、皮革等制品输送到英国，便可直接换取现金。但英国各商行及其代理人也不是吃素的，他们总是以自己想出来的价格来购买，于是南部殖民地移民对英国政府也是怨声载道。

仅仅就弗吉尼亚的殖民地来计算，独立前负债总额就已达到200万英镑，相当于弗吉尼亚当地流通货币的20倍以上。由此致使各个地方纷纷发行纸币，发生了极为严重的交易不公正现象。

本杰明·富兰克林在战争期间开始印制纸币，而在大陆会议中，罗勃特·莫里斯，这位由利物浦移民至美洲的帆船经纪人提出的发行信用证券作为调度军费的构想，开启了革命战争时期发行纸币的契机。

在革命战争胜利后，为了使广大的人民对刚刚成立的共和国拥有信心，本杰明·富兰克林和约翰·亚当斯向移民们购买各种物资，并用他们去法国、西班牙、荷兰等国交换武器，同时还向这3个国家借调了一批数量极其有限的正币。

如果不兑换正币的话就会造成通货膨胀，这是一个亘古不变的经济原则。

当然，独立后的美国很快发现自己也难逃纸币造成的通货膨胀噩运。幸好，新大陆的物资非常丰富。

移居至此的白人在新大陆上驱逐、追杀印第安人，以和平的谎言为手段骗取印第安人的土地，或用威士忌和他们交换羊皮，已经俨然成了"新殖民地"的统治者。

作为革命前产物的土地银行，逐渐演变为正式的金融机构。因为在美国殖民地经济的形成期间，与英国、荷兰、西班牙、法国等旧大陆各国的资本流通时，几乎一切纸币都被拒之门外，只有用土地担保的纸币能畅通无阻。

5. 美国的金融形势

美国在独立以后，北部旧殖民地新英格兰的开发要比南部来得早。

在南部，原始的交换经济形态维持了相当长的一段时间，因为那里有棉花、烟草可供输出，并以此同英国交换，从中获取金币。相反，在北部，从旧大陆引进的资本相当多，也相对积存了一些资本。因为缺乏肥沃土地的北部较早实现了工业化，他们从旧大陆引进各种工业产品。因此，银行业多半形成于北部，并在北部蓬勃发展。

虽然没有全国性的统计资料，但据估计，美国独立后一直到18世纪末期这一段时间，得到州政府许可设立的州银行有72家，资本超过4000万美元；保险公司则为43家，资本约200万美元。

合众国银行（第一合众国银行、第二合众国银行）是主要行使统筹货币发行职能的银行，在美国金融史上占有相当重要的地位，作为州政府许可设立的州银行之一，它是这些银行发展的中心所在。

在美国，一个州的独立性是相当大的，可以说，一个州就是一个国家。因此，各类的银行如雨后春笋般在各州建立起来。

各州政府关于开办银行的许可证只发给那些拥有相当一部分财产，并且在地方上信誉良好的人物（如宾夕法尼亚原任法官后来开了麦隆银行），这些银行所发行的货币起初的借贷范围十分有限，仅仅限于运河、铁路、收费道路等公共设施以及公共性质较强的企业，最了不起的也不过到保险公司。

美国式商业银行主要有货币发行、存款及投资等三种经营方式。

南北战争标志着美国革命的开始，在美国金融史上，这场战争扮演着一个不可或缺的角色。

为了停止正币的兑换，林肯政府不得不发行国家债券，杰伊·科克作为独家承揽这批债券的业主，将伦敦的巴林商行与罗斯查尔商行相联合，准备把这些债券消化。后来发现，在刚刚爆发战争的旧大陆上人们的购买意愿非常低落，为了达到消化这批债券的目的，他们在美国设立了5000家分行，动员所有代理人，并通过新闻传播界最终消化了3亿美元的战争债券。

在南北战争中，杰伊·科克始终称职地扮演着一个投资银行家的角色。然而，他在战后的运气却非常不佳。由于他在太平洋铁路的投资失利，拖垮了他所经营的商业银行及投资银行，一世英名功亏一篑，令人惋惜。

投资银行的开山鼻祖理所当然非杰伊·科克莫属，无论是以战争之名发行国债、回收纸币发行国债，或者发行铁路、运河等公司债，对他来说并没有什么两样。他利用这些债券，居间协调承购人和发行者，并以收取其中的手续费为主要业务内容。

当时的手续费在债券发行前最低时有1%的，发行后则为2%，或者更高。

在美国金融史上，初看起来商业银行像是投资银行的孪生兄弟，难以辨认二者的异同。它们最明显的不同在于：商业银行只能以自己的资本或客户的存款作为投资的资金，而投资银行则是接受国债、公司债、股票等购买者的委托，代理承购债券业务，但在刚开始时未必就有买主，所以他们不得不以身试"债"，自己先承担风险，先行承购债券，这样才能够吸引债主前来。

6. 摩根书房的秘密会议

虽然杰伊·科克也曾设立分公司，但正式成立国际性联盟组织的则是吉诺斯和摩根父子两人。两人除了分别在纽约及伦敦经营投资银行之外，又成立了国际性的企业联合。不可否认的是，他们的联盟由于父子关系及亲密的"战友"关系而变得更加顺利地美国化，而他们也是以美国为联盟的发展中心。

所谓的企业联合组织，也就是一个"承购银行团"，经营国债、公司债及股票。由于同时承购的投资银行可能不止一家，为了将这些风险分摊到多数投资者的身上，便将各投资银行承购的国债、公司债或股份，统一核算与承购。

这种联合承购组织经过演变发展成为今天的投资银行，由联合承购组织统一承购的国债、公司债及股份，通过组织内的各投资银行分摊到小额投资者身上。当然，手续费也按分担及分卖的数额比例分配。

至此，商业银行及投资银行才正式分道扬镳，明显地发展出不同的业务方向。商业银行是拿包含客户自有存款在内的自有资本去购买国债、公司债或企业股票；投资银行则代理多数顾客，即所谓的投资家去承购各种各样的债券，同时必须自己承担风险。比较之下，不难发现投资银行所从事的商业行为不仅在风险性方面，而且在投机性方面都比商业银行要大。

1882年2月，摩根在极秘密的情况下，在麦迪逊街219号的寓所中，宴请了来自美、英、法等国的投资企业联合代表，以及全美国的主要铁路所有人。

遵照惯例，这个秘密会议在摩根的书房中进行。

所有参会人员都围着橡木长桌正襟危坐，摩根理所当然地是坐在最上面那把交椅上，德雷克歇以及来自伦敦的J.S.摩根公司代表端坐两旁。此外，伦敦的巴林商行也派出了自己的代表，基达、布朗等则来自华尔街，而摩根联合募购组织的成员基本上都出席了。

中西部及西部各铁路的所有人也云集于此，他们同投资银行团相对而坐，包括宾夕法尼亚铁路的罗勃兹、纽约中央铁路的德普、伊利铁路的金格，巴尔的摩—俄亥俄铁路的米西等等，真可谓企业界的群英会。

这次，古尔德也应摩根的邀请出席了会议。此时，他由于被伊利铁路所迫卖掉股份，转投资密苏里·太平洋铁路及北太平洋铁路，往太平洋沿岸发展天地。他默默无语地走进书房，在问候过后就直接走到长桌前在最下方坐下，相对摩根而上，以冷漠而又锐利的眼光看了摩根一眼。

《纽约时报》针对这次会议作了如下报道：

"据称，这次秘密会议是应去年度成立之州际通商法而召开的紧急会议，但事实却不然，其实这是投资金融家商议促成铁路企业联合的阴谋会议。纽约方面的投资银行家在这次会议中赢得胜利，而四大铁路及芝加哥、圣路易以西新兴铁路的所有人却惨遭滑铁卢战斗的失败。此后，自我毁灭式的削价竞争将全面停止，而投资银行家将完全成为那些面临倒闭关门却仍然互不相让的铁路企业的主人。"

摩根的投资银行企业联合趁着铁路业因恶性竞争而陷于资金困难的危难关头，加以控制组成了大联盟。回头想想，《纽约时报》的评论并非太过离谱。暂且抛开这个问题不去讨论，这次行动对美国政府而言无疑也是一次大挑战。

7. 摩根的哲学

自林肯政府（第16任）以后，历经格兰特（第18任）、海斯（第19任）、加菲尔德（第20任）、亚瑟（第21任）等4位总统，历时20年的共和党政权（林肯遭暗杀后，直接由副总统晋升的约翰逊除外），一直都是以小联邦政府、州权中心、自由尊重等为原则，实施保护大企业的政治体制。

长时间的企业导向政治使得美国的产业基础稳如泰山，而共和党又一向奉林肯式的政治思想为传统精神，本质上，美国政治极为明显的倾向是以州政治为中心。

然而，1884年当选的民主党总统克利夫兰（第22任总统）制定了所谓《州际通商法》（1887年通过），试图改变20多年来共和党人以州政治为中心的政治原则，想从州政府手中取回联邦政府的权限，该法也成为1890年《夏曼禁止垄断法》的序曲。所谓《州际通商法》也就是《不受限于州境的联邦通商取缔法》。

《州际通商法》实施后，各州铁路或其他企业叫苦连天，他们原本可以自由决定其企位本位，可如今却必须在直属于联邦政府的州际通商委员会的虎视眈眈之下进行和缓的取缔，并由联邦法院揭发出不法行为。

政府一心希望能凭着禁止运费折扣、不当升值及控制贬值等手段，来整顿政府状态下的铁路体系。

该项法令是一项绝对民主党式的政策，主要是考虑到农民及劳动者的利益而制定的。但由于积弊深厚，想要一蹴而就地获得成功并不是一件容易的事。

当这项法律一提到议会，立即遭到一片责难，首先发难的就是摩根。

"没有人会遵守执行这项法律的！"对于民主党政府及议会的不信任，在任何人身上都没有比摩根表现得更加严重，实际上则是因为他已经探听到州际委员会在铁路业者的贿赂及压力之下早已有名无实了。正是在这样的情况下，他召集了国际联合募购组织的所有成员及全国铁路业者，到他坐落于麦迪逊街的住所中举行秘密会议。

"如果政府和法律不做，我自己来说！用以推动的不是法律，而是金钱，金钱！"

摩根的话回荡了几个世纪。

美国的历史学家将摩根这次召开的会议评之为"历史性的摩根会议"。

从此以后，美国的铁路界及金融界的经营都成为"摩根化"模式，也就是所谓的"美国经营摩根化"。

如果我们再来分析一下历史学家的评价，他们是不是有"摩根会议揭开了金融资本对企业经营大举入侵的序幕"这种含义呢？

在此之前，并非没有人做过"铁路大联盟"的构想，石油大王洛克菲勒的愿望最为强烈，可惜他没有成功。为什么连洛克菲勒这样的巨头都无法实现的大联盟，却被后辈投资银行家摩根玩得转开了呢？难道投资银行家摩根比洛克菲勒更强吗？

当时美国产业界最重要的运输体系就是铁路，在逐渐形成庞大企业联合的同时，必须投下资本以延长铁路线或增加机车设备等，以促进铁路的现代化。因此，水涨船高，公司债券的发行量随之增加，铁路企业体对投资银行的依赖程度也相应提高，这层道理一般人是能够理解的。

南北战争前，一般的中小企业仍是规模极小的家庭式工业，至于他们的周转资金，只要向商业银行（州银行）或野猫银行周转就绰绰有余了。

这样的场面并没有维持多久，到了1880年，资本的要求剧增。为了提供分散各地的一般大众资本，企业体的资本需要愈来愈多，金融界的大潮很快淘汰了以往在商品生产者及消费者之间作为媒介、提供资金的商业银行，而摩根化体制的投资银行正好顺应潮流，因此，投资银行家们愈来愈受到青睐。

另一方面，在企业界也开始重复着银行、铁路曾经走过的路，各种联盟、托拉斯应运而生。无论如何，要在激烈的竞争下求得生存，同时又希望增加利润，就必须组成更为强有力的企业联合。

这样一来，他们所需的资金来源，很快分割、转移，逐渐呈现出量小、多元化的分散倾向。由于资本来源分散，量小而多数，相对的对股东的责任要求就必须明确，而股东们对企业的责任追究也就自然而然地产生。

摩根化体制的经营乃是顺应时代潮流而产生的"摩根哲学"，并且符合时代发展的要求。这种摩根化体制的投资银行已摆脱了海盗式的经营方式，并且参与了大企业的经营，作为美国资本主义形成的源头具有明显的时代特征。

"政府和法律没法做的事，让钱来做！"

这虽然是摩根的个人想法，但它也体现了美国式的想法，亦即美利坚的现象之一。

第七章　摩根的时代

1. 父亲的逝世

位于法国南部的蒙卡地罗有着颇为悠久的历史，腓尼基人最早看中了这块宝地，将它开发成为一个港都。

以后很长的时期内，海盗们盘踞在这里，将它作为分赃与休整的安乐窝。

如今，这里以它特别发达的赌场业而闻名遐迩。

地中海的气候非常宜人，四季温暖如春、阳光明媚。到这里游玩的人们不仅可以一睹赌城的风采，还可以瞻仰到文艺复兴时代的建筑和拜占庭式的教堂。这也是眼光敏锐的吉诺斯在这儿建筑别墅的缘由。

紧临海岸的断崖道路非常狭隘，许多悲剧在这里不断上演，给这片美丽的土地抹上了一层阴影。

1982年，摩纳哥王妃格蕾丝·凯莉在一场神秘的车祸中香消玉殒，随风而逝，就是在这里坠崖，该事件在当地一度成为轰动性公案。

一星期后便是吉诺斯的生日，"身体发肤受之父母"，父亲已将近77岁了。摩根为了赶上给父亲过生日，在横渡大西洋之后不顾旅途劳顿，连忙登上了向蒙卡地罗海岸航行的船只。

"该早点将铁路大联盟的消息告诉父亲，好让他惊喜一下……这样一来，我总算可以扬眉吐气了，再也不必对洛克菲勒和卡内基这般独占铁路的傲慢家伙低声下气了。如果排除铺设平行路线的方案，运费也不做无益的降价的话，铁路企业是有利可图的……"

"天有不测风云，人有旦夕祸福"，正当摩根沉醉在成功的喜悦之中时，他哪里料到，死神正一步步向他的父亲逼近。

这一天，一切似乎都很平静，吉诺斯的心情也好得很。他穿上便服，像往常一样乘着马车到别墅外散步。

也许是兴奋过头，又或者是命该如此，他沿着断崖上的羊肠小道向蒙卡地罗方向疾驶而去，当来到狭道上的铁路平交道时悲剧发生了。由于前方驶来的蒸汽火车的汽笛声，将马惊吓得站立起来，逡巡不前。吉诺斯连忙坐上前座帮忙控制缰绳，但他毕竟上年纪了，被弹起摔到了车外，不偏不倚，脑袋撞击在路边的一块巨石上，当场昏迷过去，引起严重脑震荡。

意外发生后，吉诺斯一直处于昏迷之中。

70多岁的人怎能受得如此打击？即便是医生妙手回春，面对这种情况也是无能为力了。在回到别墅后的第4天，吉诺斯就与世长辞了。

他终究没能度过自己77岁生日。

吉诺斯的意外事故发生在1890年4月4日，星期五，而4月8日是他的生日。

摩根并没能同父亲见上最后一面。

"逝者如斯夫"，一切竟都来得如此之快，如此之突然。

既然一切已经发生了，摩根也只有抑制住泪水，怀着悲痛将父亲的灵柩运过大西洋，经纽约港运往哈特福德。

故乡的人们也都为失去一位商业巨子而痛心不已，哈特福德市政府的建筑物全部降半旗致哀。

2. 竞争对手的消逝

"建造海盗二号！"摩根在父亲葬礼之后不久就提出这个建议。

这艘海盗二号全长241英尺（约72米），有1支黑色的烟囱及2支桅杆，在当时的情况下，可以说是非常先进的航船，它可以畅通无阻地航行于海上，可见其坚固之程度。按理说，这样大一艘船是不可能在哈得逊河上完成U字形回转的。可是，事实上这艘船十分灵活。

摩根成为公司债券的承兑人后，为了吸引更多的债券购买者，他自己也购买了10万元的股份。

"古尔德死了！"此讣闻从德雷克歇处传来。

"终于死了！"这是摩根在听到消息后说的唯一的一句话。说完后，他就盯着天花板久久沉默不语。

古尔德享年64岁。

乔伊·古尔德自从合作伙伴菲克斯被射杀后孤立无援，被迫彻底退出了伊利铁路，将卖掉伊利铁路股份权后所得的2500万资金转向西部投资。

首先，古尔德争取到了已完工的横贯大陆的铁路大动脉——联合太平洋铁路的股票，于1878年，掌握了控制权。但在1878年，他又全身而退，撤出这部分股票换买了堪萨斯太平洋铁路的股票。

1879年，古尔德购得丹佛·太平洋铁路的股票。接着，史丹福的中央太平洋等铁路与密苏里太平洋等的铁路股票也落入他的掌握之中。

从古尔德购买铁路股票的方式来看，他的战略目标指向以圣路易为起点，一直循着詹姆士·李德篷车队的西进路线，延伸到犹他州的盐湖城，以便与由旧金山越过内华达山脉向东延伸的中央太平洋铁路会合。

从上所述，可以想见古尔德是何等一位胸怀大志的铁路投机家。

当时，最早横贯大陆的联合太平洋铁路在盐湖城北方奥格登车站西方的普罗蒙德勒，与越过内华达山脉开过来的中央铁路相连。

真是不可想象，整个美洲的东西部被这条仅有一线的大铁路横贯过去。为了达到自己追求已久的愿望，这位向西部铁路挑战、死而后已的铁路投机家就像着了魔一样的执著。

古尔德千方百计地想将手上的堪萨斯太平洋铁路与联合太平洋铁路的主线会合，从某个角度上来看，可以说是因为意识到摩根这一个无比强大的敌人的存在吧！如果东西南北的铁路干线握在他的手上，这无疑是对摩根的巨大威胁，有可能的话，他会让摩根甘拜下风的。

不过，天不遂人愿，在堪萨斯太平洋铁路的合并计划以失败而告终，古尔德不得不稍稍收敛了一些，专心致志经营东西大铁路，以强化这条横越大陆长达5300英里的密苏里太平洋平行路线（约8480公里），他痛下血本投下了巨额资金，同时购买汤姆·史考夫特曾经经营过但最终一败涂地的得克萨斯·太平洋铁路（约2400公里）。就在他踌躇满志、雄心勃勃地打算向从圣大菲（新墨西哥的旧交易转口站）延伸到洛杉矶的南太平洋路线挑战时，猝然而逝，真是："出师未捷身先死，长使英雄泪满襟。"

但无论如何，他这种执著的信念，仍令人备感钦佩的。

古尔德死于肺结核后，他的长子——36岁的乔治成为继承者。

对于古尔德的所作所为，摩根无一不放在眼里。如今，这枚眼中钉拔去了，他不禁感到说不出的轻松和解脱，在惋惜和高兴之余，吐出了"终于死了"这句话。

"终于死了！"这虽不是达尔文的社会学说，但不难想象出摩根话中所隐含的"适者生存"的理论。抛开别的不说，摩根"活得过他们"就够值得庆幸的了，他的竞争对手就这样一个个地消逝了！

3. 儿子小摩根初入社会之门

1890年，23岁的小摩根圆满地完成了大学学业踏进社会之门。他首先进入了德雷克歇·摩根公司。

自从哈佛大学毕业后，小摩根立刻前往伦敦，在祖父吉诺斯家暂住。休整了一段后，立即来到巴黎，此行目的是学习法语。后来，又前往莱茵河畔的哥廷根大学（当年其父摩根曾经在这里留学），并在柏林学习德语。此刻，他才刚刚回国。

父亲的昵称是"摩根"，儿子则称为"杰克"以避免同名同姓造成的混淆。

其实，杰克在念大学的时候就积累了不少的业务经验，因为他当时在罗杰斯公司见习了不短的一段时间。

在祖父死亡的这年底，小摩根结婚了，妻子是与他结识已久的珍·葛雷。

这一年，不只是摩根身边发生了令人眼花缭乱的事情，整个美国都处于这种状态。

此时，南北战争已结束了25年之久，战火与硝烟早已烟消云散，美国正面临重大变革的转型期。

曾在海斯时代任过财政部长的夏曼，后来在政界仍然十分活跃，一直是参议院里的资深议员。克利夫兰（第22任总统，民主党）一上台，就对夏曼委以参议院财政委员会主席的重任。夏曼屈服于日益激烈的舆论压力之下，制定了赫赫有名的《反托拉斯法案》，同时又通过后来导致了大混乱的《夏曼白银购买法案》。

早在夏曼担任财政部部长时，他的财务专长就显露锋芒，大力支持总统通过了正币兑换恢复法案。而此时任参议院财政委员会主席的夏曼，又发起"反托拉斯"及"白银购买两种法案。令人迷惑不解的是，这3者彼此互相矛盾，如何能出自一人之手。

不过，如果从时间的角度来分析是可以理解的。因为三种法案订立时间相距已达10年以上。其间沧海桑田，世事变化莫测。

舆论对于《反托拉斯法案》还是持理解和支持态度的，因为该法案同州际商业法案取缔独占企业及铁路垄断的哗然舆论，从反独占的意义上说是大同小异的。

然而，《夏曼白银购买法案》命运不佳，自诞生之日起就不断地遭到白眼，因为它完全是与《反托拉斯法案》背道而驰的法律。

在加州和澳洲发现金矿之后，南非的大金矿也是世人皆知。在它们的冲击之下，原来非常坚挺的白银败下阵来，屈居辅币的地位。而政府却偏要大量购买已经沦为辅币的白银，这样的法案从根本上说是毫无道理可言的。

但是，由于共和党的主要资金赞助者——银矿业集团等团体要求恢复银本位制（金、银），夺回失去的天下，加上他们出面整天在白宫官员面前游说，鼓吹恢复银本位如何如何，最后政府通过了《夏曼白银购买法案》。

这样一来，政府每月必须以市场价格购买250万盎司（约7万公斤）的生银，这实在是一个恶法。当然，恶法自有恶报。

由于这一法令，哈利生政府被弄得焦头烂额，慌乱之际只好胡乱发行以金、银偿还为保证的政府纸币（1890年）。黄金不足的恐慌终于到来了。

"父亲，据说价值1.56亿美元的黄金很快就会流到伦敦呢！这该死的《夏曼白银购买法案》。"大学刚毕业的杰克对于华尔街的敏感反应也只有干瞪眼的份，他只有向父亲汇报情况了。

英国政府自从视察了印度银矿山储藏量后作了反思，下令检讨卢比银市的铸造禁止令。一石激起千层浪，这个坏消息一传开，立即在华尔街掀起了轩然大波。

华尔街的黄金市场受到了沉重打击，滚滚金源外流而去。

"废除《夏曼白银购买法案》！"

在舆论压力下，政府不得不灰溜溜地作出了让步。

纽约的律师在已经写完的合同书之中一定还要再加上一条：

"本合同的支付以金币交易。"至此，黄金白银之争才暂时告一段落。

因为《夏曼白银购买法案》的冲击，美国企业界受到沉重打击，前面提到的铁路业三十多家公司同时破产就是一例。经济恐慌直接影响着美国政府，大量的黄金流往伦敦，国库里黄金几乎空空如也。

结果，危机四伏的哈利生内阁终于倒台了。新任总统是克利夫兰（第24任，民主党，1893年二度就任）。

刚刚上任的克利夫兰就面临着棘手的问题，为了能够控制住局面、站稳脚跟，不得不求助于摩根等人。

于是，摩根被总统先生邀请到了白宫。总统要求他与罗斯查尔组成辛迪加，起中流砥柱作用，使流向伦敦的黄金重新回流美国。

4. 真正的爱国者

这里需要补上一段插曲，那就是此时摩根在与总统交涉中，如何展现出桀骜不驯的态度的。

为了避免金库空虚导致经济恐慌，就必须马上筹集到一笔数额巨大的资金。政府财政当局初步估计，绝对需要的金额就高达1亿美元。

不过，民主党政府认为发行1亿美元公债，将黄金从伦敦换回似乎太冒风险，对他们并不利。于是，他们决定不使用这种常规手段。

当时的财政部长卡利史尔自有盘算：只发行5000万美元的公债，其余的半数则委托美国国内银行的存款。然而，算盘似乎打错了，因为在如此恐慌萧条的情况下，任何银行都无暇自顾，这位财政部长被拒之门外是理所当然的。

白宫不禁陷于无尽的困窘之中，在万般无奈的情况下，卡利史尔使出了苦肉计，他以超出面额的117点公开募集5000万美元的公债（年利率5%）。

这打破投资金融界惯例的一招还确确实实奏了效——欺瞒了投资银行，也因此重创了摩根。

摩根极为愤怒，对那些胆敢在老虎身上拔毛的家伙，他怎么能够轻易地放过呢？

卡利史尔急急忙忙赶到纽约召集银行家，请求他们的协助，但纽约的银行界并不买民主党政权的账。

到处碰壁之后，卡利史尔拜访了市银行总裁史提曼，哀求道：

"摩根说，他自己要认购全部的公债，否则就完全拒绝承购。就这样简单，没有任何回旋的余地。我们决不能委托给那个傲气十足的家伙，你就想办法先认购一些吧，到时一定通过一般的公开募集来偿还你。"

面对这位财政部长的苦苦哀求，史提曼只想着赶紧把他先打发走。他赶紧从洛克菲勒的标准石油账中提出了2000万美金汇到纽约，把黄金注入空空如也的国库中，抑制政府的破产，但这样做无疑是杯水车薪、无济于事。

也许是出于对把钱扔进水里的惋惜，或者是怪摩根一直袖手旁观，史提曼匆匆找到摩根，促请他再加考虑。

"你也融资2000万美元吧，我已经出了2000万美元了……"

摩根颇觉意外："你那2000万美元钱是从哪里融资的呢？"

"标准石油。"史提曼苦着一张老脸。

"你们……恕我眼拙，不知你们还是伟大的爱国者。"摩根摇头苦笑。

摩根又一次被总统召进白宫，互相摊牌。那些可恶的新闻记者们早已闻风而动，早早地守在白宫门前。为了摆脱这帮家伙喋喋不休的纠缠，避免自己的情绪受到影响，摩根神秘地避开众人，秘密地进入总统办公室。即使这次是总统亲自出面交谈，摩根也没有丝毫松动，依然固执己见：

"除了我和罗斯查尔组成辛迪加，使伦敦的黄金重新流入国内之外，似乎没有第二种办法来解救陷于破产状态的国库了。

"现在，正有人要求从我手头提取1000万元美金的黄金，要不要我立即在此发电报，现在立刻汇到伦敦去呢？"

摩根知道，若不展现出强硬的姿态来，白宫是不会轻易就范的。因此，在同总统面谈时，也就"大行不顾细谨，大礼不顾小节"了，步步进逼，甚至单刀直入。

在这般强迫之下，克利夫兰总统的新陈代谢似乎也加速了许多，几乎每隔15分钟就要离席而去。

实际上，总统并未上洗手间，而是去和另一房间的卡利史尔商量对策。

总统对雪茄的讨厌是出了名的。因此，在进入总统办公室前，就有一些好心人向摩根嘱咐道："请千万别抽雪茄。"

摩根此时烟瘾难耐，瞅准总统每隔15分钟离席而去的空档，开始抽起粗雪茄，总统办公室顿时被一层蒙蒙的烟雾所笼罩。

过足了烟瘾，摩根靠在座椅上，眯着眼，翘着腿，等待总统的回来。他相信，总统不会不作出明智的选择。

不久，克利夫兰总统回来了。他摊着双手，表现出一副无可奈何的样子。在与财政部长协商了半天后，总统认为还是"识时务者为俊杰"，接纳了摩根—罗斯查尔辛迪加的提案。

在这一瞬间，摩根一定暗地得意道："我才是真正的爱国者啊！而不是史提曼和洛克菲勒。"

5. 独领风骚的时代

白宫终于在华尔街面前甘拜下风了！

这时正是摩根独领风骚的时候，换言之，"摩根化"时代终于来到了。

"北太平洋铁路好像要破产了。"一天，摩根听到了此消息。

"以里士满为终点站的南方铁路系统也破产了……"另一则消息又传来。

每听完一则这样的消息，摩根都始终缄默着。

对于这些，摩根似乎都不予理睬，无论它们具有多么大的冲击性，他都瞪着威严的双眼一言不发，只顾猛咬雪茄，这正表露出他永不屈服的心。

摩根早已下定了决心，要趁着纷乱进行一场轰轰烈烈的战斗。

对这两家破产的南北铁路不能等同对待，因为它们的内情有天壤之别，关于它们的复杂路线，这里有必要稍作说明。

弗吉尼亚的里士满在南北战争开始期间是南军的重要据点，南方的里士满终站公司（南方铁路系统）就以里士满为中心，把触角伸向四面八方，如佛罗里达、阿拉巴马、密西西比州，以及佐治亚州等南方的几个州；往北则有华盛顿州、纽约州、肯塔基州及俄亥俄州。

事实上，三十多家公司长短不一的干线及各个地方支线赤字日益严重，濒于崩溃，他们正做困兽之斗，垂死挣扎。不得已，他们才捞起了摩根联盟化这根救命稻草。但是南方铁路系统的这一大联盟计划脆弱得很，不仅保障性的金融资本缺乏，而且也欠缺有计划的指导者，最后不得不守着庞大的赤字而正式宣告破产。

由于30家以上的铁路公司全部宣告破产，不论是南方、政府还是业主都面临着非常严竣的考验，他们都认识到收拾残局的紧迫性。

事关重大，无数的债权者、股东及拥有公司债券（包括第一次抵押与第二次抵押）的大众喧嚷不已，他们成天围着州际州商委员会的官员们，借此通过它向联邦法院及州法院提出诉讼，选定财产管理人"监督产权"。

但是，小神毕竟坐不了大庙，就算是所谓的"财产管理人"对于如何收拾残局也是束手无策。

宣告破产的北太平洋铁路也就是大陆横贯铁路之一，他们在杰伊·科克和乔伊·古尔德手中很不景气，都宣告破产。

这条铁路以明尼亚波利市（明尼苏达州）及亚士兰（威斯康星州）为起点，延伸到北达科他州的新兴都市俾斯麦，再沿着加拿大国界南方的落基山脉，经过蒙大拿州及爱达荷州的边境州，计划到达太平洋的华盛顿州的西雅图。

"总统的密使想和我见见面，据说他要到纽约来，我该如何对付？"德雷克歇找到摩根，与他密谈此事。

摩根叼着雪茄，思索了一下，说道："先见个面看看也好……"摩根虽然赞成但实际上并非出自本意。因为和总统密使会面的德雷克歇关于会谈内容的报告，对摩根来说显然是件十分头疼的事。

"密使先探询说，在议会通过新公债的发行法案之前，有无可能向德雷克歇·摩根公司借黄金，以解燃眉之急？"

摩根这时也没有立即回答。他的心里非常清楚，如果政府出面找上了他，那么借的黄金必然是以千万或亿作为单位计算的。据他所知，这么大宗的借贷业务除非英国的金融界，没有第二家能办得到。而且，自从该死的《夏曼白银购买法案》出台以后，黄金如潮水般地流到国外，谁都清楚，一场经济恐慌是在所难免了。

更为要命的是，铁路系统不早不迟偏偏也在这时陷于困境，这对政府而言，无疑是雪上加霜。可以想见，这次商谈是多么无可奈何啊！时机尚早！最好让克利夫兰总统多焦急一番。

摩根猛吸了一口烟，浓浓的烟圈缓缓地撞向天花板。

"还是先解决南方铁路系统及北太平洋铁路的破产事件吧……"摩根凝重地说道。

"不错，南方铁路在英国有很多债权人，尤其是南方铁路系统是向英国输入棉花及木材不可缺少的运输路线"

摩根掐灭烟头扔在地板上，并有意无意地看了对方一眼。

可怜的德雷克歇如此说道，他不知道自己的寿命就好像这一条铁路系统一样，只剩下短短几个月了。

摩根又燃起一根拇指粗的雪茄，贪婪地吸了一口。

"下星期天将完成的海盗船二号试航到新港好吗？"摩根突然改变话题。

"到新港去？那样要住两三晚呢！"德雷克歇百思不得其解。因为从纽约到罗得岛州的新港，有一段相当长的距离。这位上司怎能不顾这一大堆纷繁复杂、毫无头绪的事而去逍遥多日呢？

摩根并不容他想那么多了，把手一挥，说道：

"邀请第一国家银行的总裁贝克先生一起来吧，还有，柯士达及斯宾塞这两位也一定要同行。"

直到现在，德雷克歇才理出一点头绪。此处举出来的3个人，全是海盗船俱乐部成员。后两位姑且不论，只是第一国家银行总裁贝克名字的出现，就使德雷克歇已经大体知道摩根的战略了。

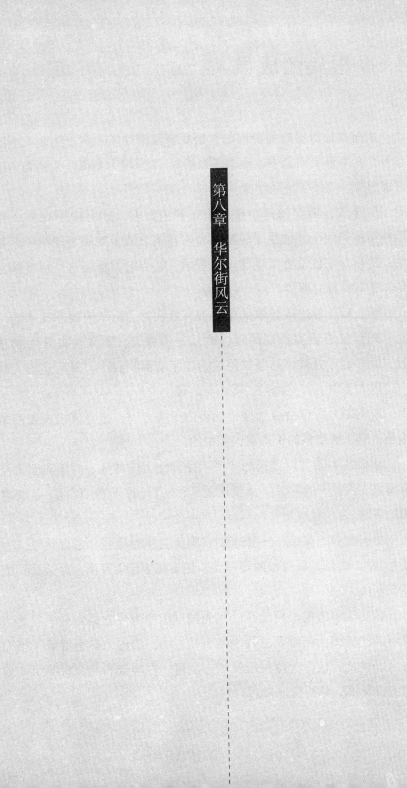

第八章　华尔街风云

1. 摩根集团成员

前面摩根所提到的萨缪尔·斯宾塞和查理斯·柯士达两人非同小可，在摩根集团之中，他们是摩根的2两位得力参谋，他们为摩根出谋划策，立下了汗马功劳。

萨缪尔·斯宾塞是个土生土长的南方人，比摩根小10岁，显得特别精明强干。他生于佐治亚州，在南北战争期间是南军一名骑兵。战后，在佐治亚大学学习工程学，在当时，学习这个科目简直是件非常少有的事情。

毕业后，他进入巴尔的摩—俄亥俄铁路。由于他的非凡才能，他立即担任总裁室特别助理，此后平步青云，不久被提升为副总裁。恰好这个时候，这条铁路因为赤字而面临破产，最后还落入财产管理人手中，可见他是"受命于危难之中"。

斯宾塞之所以会成为摩根的得力干将之一，是当债权人依赖摩根救济时，被摩根的识珠慧眼相中的。

摩根甚为欣赏斯宾塞的才华，提升他出任总裁。而斯宾塞也没有辜负主人的一片心意，负责偿还了800万元的债务。因此，深得摩根的青睐。

另一位亲信参谋——查理斯·柯士达年纪更轻，甚至比斯宾塞还小5岁，恰是大展身手的好时光。他是属于德雷克歇·摩根公司的养成职员。

独立战争之前，柯士达的祖先就以纽约为生意据点从事着西印度群岛的砂糖、咖啡及兰姆酒的贸易生意。他的血脉里继承了祖先的全部优良传统，为摩根所赏识并利用，在华普利与摩根共组辛迪加的投资银行时被挖过来。

他是一个典型的勤勉型的人，做事兢兢业业。每天早上6点钟左右就去上班，一直工作至深夜，甚至还会把一些文件带回家阅读。

当他接到摩根发出的"铁路摩根化"的命令时，一定会用一个月的时间调查这条铁路。为了调查能够全面彻底，他简直废寝忘食、呕心沥血地投入工作。他不但乘火车视察，甚至还会走下月台，静静地坐在列车飞驰的铁轨旁边仔细地察看枕木与铁轨的状态。当然，他有时还会亲自开动火车头试试看。他要花最少的钱，去获得最大限度的利润回报。

对于这两个人，摩根是倚重有加的。他把他们当作自己的两只手灵活运用，使得铁路的"摩根化"彻底成功。

一个晴空万里的初夏早晨，"海盗二号"两支桅杆上的大帆被风灌得鼓鼓的。船借风速，箭似的加速前行。

身为国家银行总裁的乔治·贝克是该船上的座上宾，在摩根的战略中，他是应联合的重要人物。摩根此行，目的就在于拉拢他加入铁路事业。

能和这样一位人物接触，并非容易办到的，若不是贝克加入了海盗船俱乐部，摩根恐怕还无法同他接触。

贝克比摩根小3岁。1863年，是贝克开始发迹的一年。他在纽约创设了号称当时商业银行储金最高的第一国家银行。他的社会地位，摩根是自愧不如的。可在企业界之中，他的地位就未必高过摩根。因为企业界的评价不一定同社会的相一致。

在华尔街，贝克是众所周知的"摩根政府的财政部长"。贝克的第一国家银行不仅是摩根的隐秘财源，贝克本人也被摩根相中作为其投机的管道。

2. "摩根化"构想

当参谋的柯士达深知此行自己肩负的重任，自从离开码头的那一瞬间开始，就一直不离贝克身边半步，如同贴身保镖一样。他将威士忌倒入杯中时，摩根就迫不及待地说：

"市银行的史提曼现在正和我们做着同样的生意，开着一模一样的投资银行，你有何感想？"

詹姆士·史提曼，也就是摩根在海盗二号的甲板上所提到的那位先生，是贝克的第一国家银行最强劲的竞争对手，刚刚登上市银行总裁的宝座。

在说到史提曼要击败贝克的第一国家银行，而取代他的宝座之前，读者不会想不起史提曼将两个女儿嫁给了威廉·洛克菲勒的两个儿子，造成轰动一时的策略性婚姻吧。

市银行与第一国家银行合二为一，称为City Coop，是全美最大的银行，它对墨西哥及委内瑞拉的石油产业投下巨资，这是众所周知的事实。

成为市银行总裁的史提曼，是个与贝克迥然不同的人物，他并不是该银行的创始者。他将继承父亲的棉花公司所得的余利运用在股票投机中，在此过程中，成为威谦·洛克菲勒的亲密战友，由于这一缘故而投入石油事业。虽然在这方面，他取得非凡成果，但志在成为银行家的史提曼购买了市银行的股票，成为银行的高级职员。

1891年，他继承了亡故的原银行所有者摩斯·提拉的职位当上了总裁。据说，这是因为洛克菲勒的标准石油公司慷慨相助的缘故。

"摩根先生所言极是，史提曼与洛克菲勒联合起来，要购买纽约的煤气公司及中西部、南部的股票……"

"也要购买铁路吧……"摩根小心翼翼地试探着。这是他的拿手好戏，他想以此来一点一点地动摇贝克的心。

"他和哈利曼联手，必定是想染指太平洋沿岸。"贝克也是久经沙场的老手，不甘示弱地反击摩根。一句话，便从被动的地位中摆脱出来。

"贝克先生，你对里士满破产了的终站公司，及哈利曼与史提曼意图染指的北太平洋铁路的重建，有没有兴趣？"

"我？我的第一国家银行负责重建铁路？"摩根的话显然将贝克击中，只见他满脸狼狈相，怏怏不乐。

他哪里知道，摩根手下的柯士达可不是等闲之辈。经过历时一个多月的调查，柯士达得知贝克对各地铁路的融资金额是十分可观的。

贝克长得又瘦又高，而且体格十分强壮，像猎人般颇富弹性，年轻时应该是非常威武英俊的，只可惜时间不饶人，岁月已染白了他全部的胡须。

可是此时，精明能干的贝克先生却显得满脸窘相，声音嘶哑，这不应是银行家所具有的，他说：

"里士满终站公司的改组，由贵公司的斯宾塞先生全权负责，不知道你意下如何？"

斯宾塞具有回天妙手，由于他全力以赴偿还了800万美元的债款，才使得奄奄一息、濒临破产绝境的俄亥俄—巴尔的摩铁路从绝望的边缘站了起来，恢复了原有的生机。

然而，这一成功的行为使巴卡纳等人非常眼红，他们向刚得救的当地债权人煽风点火，想让他们罢黜斯宾塞总裁。

由于巴卡纳大肆收购股票，从中作梗，斯宾塞最后还是被他们除掉。不想继任俄亥俄—巴尔的摩铁路总裁职务的却是摩根的另一得力干将柯士达。

而南方出身的斯宾塞仍然还有用武之地，他被引入里士满终站公司，使30家公司联合起来的铁路系统变成了"摩根化体制"，这实在是个十分有趣的构想。

关于这些"摩根化"的构想，始终是秘而不宣的，只有摩根和他的几位高参知道。外界对这套构想的存在与否一直持怀疑态度，包括身为第一国家银行总裁的贝克。

现在，为了让贝克这条大鱼上钩，摩根不得不抛出了这个诱饵，首次公开"摩根化"的有趣的构想：

"我想弄个专为债权人而设的信托委员会，你看呢？"

"信托委员会，要委托什么呢？"贝克端着酒杯，疑惑地问。

"委托公司的重建，由4～5人组成，人数愈少愈好。"

摩根和盘托出。

"原来如此！因破产而陷于恐慌状态的股东及债权人，若听到摩根先生的名字应该会信赖他吧？"贝克显然被这个构想惊住了，杯中的酒在手中不停晃动。说话时，音量也有意无意地提高了许多。

"若您也能加入信托委员会，那么信用度就能增加3～4倍。"摩根看到有戏，心中暗暗自喜，开始趁热打铁。

"很好，我同意。"受了摩根如此舒适的轻轻一拍，贝克不禁有些飘飘然。

很快两人就形成了一项协议。摩根紧追不放，还提出了另一项要求。

"还要借重你银行的年轻职员。"

"我的银行……第一国家银行变成摩根公司的'中坚'了？哈哈……"贝克大笑。

就在这豪爽的笑声之中，摩根成功地与第一国家银行进行了结合。两大金融资本的组合在此悄然完成了。

这个新组合的强有力对手就是洛克菲勒与史提曼的市银行及其相关企业所组成的金融体系。

在欢快的汽笛声中，在新港停泊了一晚，往返共三天两夜的海盗号靠岸了，这标志着首次航行十分成功。

3. 铁路大王

哈利生政府的《夏曼白银购买法案》在企业界引发了大地震，造成了极大的恐慌。而摩根却不失时机，运用他那称为"摩根化体制"的企业改组战略手段，为庞大的摩根金融帝国带来了鸿运。

不过，值得肯定的是，这是近代极为合理的战略。

很微妙的是，一如贝克在甲板上所预料的那样，这次摩根完全是冠冕堂皇地、救世主般地介入因破产而出现赤字的铁路股东及债权人，没有人认为他是一个掠夺者。

摩根为了制定这个战略，可以说是费尽心思。

为了这个战略的实施，摩根经过了周密而不可思议的运作：

第一，成立一个调查小组，以细致、勤勉的柯士达为小组的负责人，深入掌握在财产管理人手中的铁路企业内部，对财务状况进行彻底调查。然后推算出最低收入，定下改组的期限。股票被置于无红利的状态，实行负债（公司债及银行借贷）的负评价。利息的支付以及股票红利都被暂予搁置了。

如此一来，那些股东与债权人最终都会认为，这种做法也许能够给他们带来一线希望。反正不管怎样都是要因为破产而一无所有，倒不如"宁可信其有，不可信其无"。

因此，他们宁愿对摩根的手腕充满希望，满心地期待终有一天可以东山再起，重获生机。

第二，通过第一条这一强心针，使旧股东已幻灭的梦复苏之后，开始实施增资计划，给予他们再投资的机会。

不过，这一条的实施关键在于信誉。因此，摩根才会挖空心思地拉贝克上船。他当时也的确说得非常好：只要有贝克入伙，信誉就会增加3～4倍。第一国家银行向来以信誉而闻名，只有贝克的介入，才能使摩根的全盘计划取得良好效果。

如此一来，无疑是给人注入迷幻剂，让人产生一种背后有国家银行为担保的错觉。殊不知，其实贝克本人也已成为摩根计划中的一枚棋子。

第三，发行优先股。这是美国的惯例，过去日本的日立造船也这样做过。当利润产生，改组完成之际，支付红利给旧股东，最重要的是约定分红的股票必须以低价发行。

依循惯例，发行优先股必须是高价的形式，这是常识。但摩根在这里却背道而驰，以低价发行。优先股发行之后，接着就是分红顺位的普通股了，那么，它们何时发行呢？虽然存在着这一个问题，但摩根还是彻底地执行这种发行优先股的减价战略，他究竟有何用心呢？

第四，在改组手续费方面，收取特别的契约费。其收费之高，是投资银行处理一般业务的公债、公司债及股票发行的手续费所无法比拟的。摩根在完成了里士满终站公司及北太平洋铁路的改组之后，又接手了已经负债1500万的伊利铁路。

摩根在基本手续费50万美元的基础上，又追加了200万美元的改组费，因而被称为"高额医疗费"。

不过摩根在这个问题上很有自己的见解：

"假如病治好了，还算是划算的呢。若死了的话，岂不是化为乌有？"

说是这样说，实际上这是哄人的话。如果真是信心充足，那么财大气粗的摩根本人，为什么面对被低估的公司债要用发行低价优先股这贴特效药呢，却不来个"近水楼台先得月，向阳花木早逢春"，先喝而后快呢？

第五，当前几步都准备就绪后，最关键的一步就是将自己的人安排进各铁路。

就像在海盗2号的甲板上同贝克密约的一般，摩根组成一个由4—5位得力干将介入小组，即所谓的"信托委员会"，他的权限要置于股东大会之上，俨然一个太上皇。

因此，即使有人质疑"摩根化体制"并不是什么救世主，而是在不折不扣地"巧取豪夺"，摩根仍然要一如既往地推进他的铁路改组。

由于追求执著，加之方法得当，"摩根化体制"势如破竹。除了伊利铁路、里丁铁路、新泽西中央铁路、宾夕法尼亚铁路、拉卡瓦纳铁路、特拉华—哈得逊铁路、乞沙比克俄亥俄铁路之外，还有新英格兰东北部的各铁路及南部的几条铁路，都在世纪之交时依序完成了"摩根化体制"。

依据1900年的统计，当时主要干线控制情况如下：

直属于摩根的就有19 073英里（约30 500公里）。

此外，在摩根控制之下的有：

凡德毕尔特的19 517英里（约31 200公里）；宾夕法尼亚的18 220英里（约29 000公里）；席尔的10 373英里（约16 600公里）。

摩根体系合计控制了共约67 000英里的铁路。

此外，还有非摩根体系的约36 000英里铁路，包括：哈利曼的20 245英里（约32 400公里）；古尔德的16 074英里（约25 700公里）。

由此可以看出，虽然当时美国铁路界呈三足鼎立之势，但摩根的势力已经遥遥凌驾于其他两人之上。

摩根本人则担任信托（财务）委员会的理事，大权在握，发号施令。直接参与的有凡德毕尔特的纽约中央铁路以下的二十多家公司。

由于贝克为其所用，摩根确实捞到不少好处。宾夕法尼亚铁路和第一国家银行，贝克所租的乞沙比克—俄亥俄铁路，已经可以延伸到东海岸，纳入纽约中央铁路体系了。

摩根财团光铁路干线就控制了6.7万英里。形势的发展也越来越清楚地表明，"铁路大王"的这顶桂冠戴在摩根头上最合适不过了，他的这个称号几乎可以和洛克菲勒"石油大王"的荣誉相媲美了。

由摩根领头掀起的"摩根化体制"铁路改组大战，是因夏曼的《夏曼白银购买法》导致的经济不景气（1893年）而开启的。在美国史上，这尽管只是昙花一现，但是，似乎成败早已成定局，不容否认，并为后人所称道。

之后，摩根又秣马厉兵，准备开始另一场在西海岸的战争。

4. 忍痛割让海盗船二号

位于佛罗里达半岛南方的古巴岛，素来有"西印度群岛（古巴、海地、多米尼加、波多黎各）之珠"的美誉，它位于美丽的加勒比海之中。

16世纪伊始，这块宝地就被西班牙殖民者相中了，并把它据为己有。它确实是一个物产丰富的岛屿。

古巴岛拥有极其肥沃的土地，印第安人很早就开始在这里辛勤地耕猎着，过着安居乐业的富足生活。

但是，自从西班牙殖民者踏上这片神秘的土地后，印第安人的厄运就降临了。征服者们摧毁了他们的田园，命令他们改种烟草，因而饥荒连年。

印第安人被屠杀了不少后，西班牙殖民总督从塞内加尔及西非象牙海岸带来大批黑奴，强迫他们耕作烟草及砂糖。

征服者们又在当地大兴土木，立起了城墙环绕的传道教会，以扩大教会的影响。

之后，挖掘金矿的探险者们络绎不绝地到来。铁、锰、铬、铜及镍等矿产在这岛上被陆续发现，其中铁矿的埋藏量又出乎意料地极为丰富，殖民者们掠夺了无数财富。

1898年2月15日，停泊在哈瓦那近海的美国巡洋舰缅因号发生原因不明的爆炸事故而沉没。

当时，摩根正在伦敦，听到这条消息后，他并没有立即束装回国，也许他认为不至于这么快就会爆发战争吧！

直到4月初，摩根才姗姗回国。麦金莱总统（1843～1901年，第25任）为了保护古巴当地美国侨民的生命安全，以及所有美国企业的权益，断然于4月21日向西班牙宣战。

在美国国务卿约翰·亚当斯向驻马德里的美国公使发出的训令中这样说道：

"这虽然不是牛顿原理，但成熟的苹果会掉落乃是自然法则。事不宜迟，以1亿美元买下古巴岛！"

口气不容商量，公使立即与当地西班牙政府交涉，但这一桩买卖被西班牙政府一口回绝了。这可是块大肥肉啊！他们怎么忍心轻易拱手相送。

这个消息传出后，当时以廉价向西班牙购买专利权的美国烟草商及砂糖商人都暗自期待着战争的爆发，一场战争能使得他们获得更多的钞票。

美西战争（美国与西班牙的战争）终于是"箭在弦上不得不发了"，双方打得昏天黑地，而美国的大小资本家之间也是争得难解难分。战争爆发之际，洛克菲勒以及南方一些砂糖、烟草资本家在古巴身上投下了血本，其资本总额，超过3000万美元。

此时，摩根刚从伦敦悠哉悠哉地返回美国。他对战争爆发的期望不是很大。

在没有任何准备的情况下，不速之客闯到了摩根的府上，那个人是位海军次长，来与他讨价还价。

"前线正吃紧，为了输送兵员前往古巴岛，海军决定征用民间的船只。您的海盗船2号是我们购买对象之一，请开价吧！"

摩根脸色立刻变得十分难看，不知是哪个家伙如此不知天高地厚，竟敢打他的船上的主意。海盗船2号对他来说具有极为深远的意义，绝对不能被征收。

因此，摩根以不同寻常的态度，怒不可遏地说道：

"回去告诉麦金莱总统，如果船只不够的话，我可以立即给他建造船只，只有这艘船，恕我不能转让……"

谁承想，这位海军次长就像吃了秤砣一样，铁了心。不管摩根的脸色多么不好看，语气多么强硬，就是不肯退让一步。就这样，争吵整整持续了大约一天。

这位海军次长看来早已做好了充分的思想准备，他滔滔不绝地向摩根举了一大通例子，动之以情，晓之以理。比如凡德毕尔特在南北战争时期，献出了全部的船只啦，还有纽约和华盛顿的快艇俱乐部成员都相继捐出他们的快艇……

面对如此阵势，摩根不得不冷静地掂量掂量。

"人在屋檐下，不得不低头"，暂且忍痛割爱吧，以免为了这种小事坏了以后的大事。

摩根慢慢地开始松动了。

海军次长看到自己的一番话发生了效力，暗自高兴，凑上前去，开价道："22．5万，怎么样？"

摩根依旧同往常一样陷入沉默，然而，这样已经足够了。

海军次长志得意满地走了。

摩根当即起身，拨通电话，订购了海盗船3号。

似乎战事对西班牙非常不利。进入香港的美国太平洋舰队，万事俱备只欠东风。5月1日，在位于菲律宾的马尼拉湾，西班牙强大的舰队被他们击退了，在美国陆军部队登陆之前，首先开到古巴岛。

这支登陆部队有"悍马骑兵队"之称，以志愿兵为主力。7月，波多黎各岛被攻陷。同时，西班牙的加勒比海舰队全部被歼灭。

战争只持续了短短4个月就结束了。

接下来，便在巴黎召开和平会议，美国从西班牙手中获得了丰厚的战利品。西班牙承认了古巴的独立，实质上，却是美国取代西班牙的地位，俨然以古巴人民的"解放者"踏上古巴，使它变成美国化的古巴。

此外，美国从西班牙手中割取了波多黎各、西印度群岛、关岛及菲律宾，仅花了很小的一笔钱。

因此，美国资本的战场前线一直扩展到了拉丁美洲，以及太平洋彼岸的亚洲。

5. 国际舞台的扩张

在巴黎签署和约的当天，华尔街摩根的办公室里也进行了盛大的庆祝会。

一场战争，几家欢喜几家愁，对摩根来说是越多越好的，而老百姓却大受其苦。

数百名反战的自由派群众冲过出入交易所的经纪人群，示威呐喊着通过华尔街的狭隘通路。

"华尔街是战争的挑拨者。"

"埋葬摩根、洛克菲勒、卡内基。"

"杀掉麦金莱。"

示威呐喊的声音从敞开的窗户传入，但摩根却置之度外，面不改色心不跳，苦苦思索着如何到美属菲律宾和脱离西班牙势力的中南美、日本及中国投资的问题。

"今后将成为国际投资的时代。"这个念头火花般闪过脑际。

这时，传入的喧嚣的示威呐喊声搅乱了摩根的思考，但他连眉头都没有皱一下。

"门罗主义（主张欧美两大陆互不干涉的美国外交政策）真是好得很。虽然将美国的势力范围给限定在西半球的南北美洲内，但是从此也把欧洲各国排斥在这范围以外，美洲市场为美国所独占，岂不是很美的事吗？如果势力范围能向亚洲拓展，那么国民的税金必定会再次增加了。"

在美国财经领域，包括华尔街，并没人强烈反对向东方伸展势力。亚洲腹地广大，是一个发展前景非常好的市场。

只有游行于华尔街的自由主义才会不顾一切地加以反对。

以"煽情主义"为招牌，拼命地卖报纸的威廉·哈斯特所代表的扩张论者，利用哈斯特报系辛迪加的急进煽动之机，激励麦金莱总统高唱扩张主义的论调。

摩根猛摇头。

收购美国铁路的时代是不是已经过去了？不，铁路事业方兴未艾，现在只是一个起步而已。在菲律宾、日本、中国……情况全都如此！

钢铁的时代降临了，美国必须制造大炮，对，也一定要制造军舰。据说，在广大的中国正处于一个动荡的时期，那是叫什么来着……对，叫义和团的正在到处造反。

还有，石油的时代也即将到来了。咳，真遗憾，在石油这方面，洛克菲勒这家伙是无论如何也不会放手的……这么一来，那么除了钢铁还是只有钢铁了。不，不，爱迪生的电气时代也已经降临了。电气，电气，电气……也是一根珍贵的稻草。

摩根活到这么久，不论是说话，还是思考问题，历来都是言简意赅，谨慎得很。可是这次，他却陷进了近乎迷狂的错误之中。

他回顾自己的一生，由于精明和眼光独到，在多个重大决策上取得了斐然的成果，使得财源遍地滚，如今的摩根帝国已不再是他的祖辈、父辈时可比的了。

当前的美国，不，整个美洲在他的眼中都好像是瓮中之鳖，是如此不中用，美国这个小庙好像不能继续容下这位大菩萨了，他要扩张到美洲、亚洲，甚至整个世界，到世界各个角落插上摩根帝国的旗帜……

在那一刹那间，也许是摩根一生仅有的一次吧。但他硕大的脑袋很快就把这片刻间的错误思考抛到九霄云外。他突然脱胎换骨，摇身一变，成为一个国际大投资家。

在美西战争中，麦金莱政府也欠下不少战争债，对此，政府一口气发行了战争债券2亿美元（利率为3％）。政府原打算将它们直接卖给国民，但是摩根等人早就尝过不少这种债券的甜头，这次能善罢甘休吗？

于是，摩根和他的联合募购组织马上同政府进行交涉，承揽全部金额。然后将债券票面做成500美元以下的小额国债。这是一种新奇的构想，牛刀小试，果然取得极大成功，一般的人竞相购买，竞争率竟然高达5倍，盛况空前。没过几天，公债销售一空。

示威呐喊的声音虽搅乱了他的思考，但摩根仍有一件事迟疑未决，那就是对墨西哥的投资是否要真正实施，这显然是一个全新的挑战。

美西战争之前，就有消息显示：墨西哥政府因为无力偿还西班牙政府的旧债，已面临破产边缘，危险万分。在这种如临深渊的状况下，墨西哥当局不得不着手发行公债，其金额计划将达到1．1亿美元。

"好，放手一搏，做做看。"

如此大的买卖，摩根焉能不动心，最后还是咬咬牙，下定决心。

随后，摩根立即和德国银行联合组织辛迪加认购了那些墨西哥公债，条件是取得了墨西哥油矿及铁路权作为担保。

不仅是华尔街、庞德街，就连法兰克福及巴黎商人们都将这件事当作他们谈话的新焦点，他们羡慕摩根生财有道，手眼通天。

6. 如日中天的地位

摩根的钱口袋永远是不知足的。此时，他正在揣摩由罗斯查尔的纽约代表贝尔蒙处获得的一项极为机密的情报：

"伦敦的哈林公司因其财力限制无力承担阿根廷政府的公债，也说不定有可能会放出来。"

阿根廷此时的处境也没比墨西哥好多少，由于受到与巴拉圭6年战争（1864～1870年）的拖累，此刻陷入了经济危机。

阿根廷国家财政破产的危机，因英国与德国资金的流入才勉强缓解了一些。其中，罗斯查尔的竞争者——伦敦的哈林公司，以阿根廷的广大土地作为抵押购买了大量的公债，获利不少。

当美国因美西战争而亲近古巴及菲律宾的时候，阿根廷正遭受农业萧条的袭击，面临崩溃。

政府的极度腐败可以说成了拉丁美洲的一大传统，贪污腐败的事情不断出现。因此，农民及工人的贫困阶层中对外国资本恨之入骨，并掀起了不少轰轰烈烈的排外运动。中国的义和团运动就其产生的原因和动机来说也是如此。

阿根廷政府为了逃避国民的指责，本打算对外国资本加以重税，结果却是虎口拔牙。在英国与德国炮艇外交的威吓下，只得灰溜溜地收回成命，代之以增加所得税，结果又招致了革命一触即发的险状。

贝尔蒙私语道：

"哈林公司果真撤离的话，那是很危险的。阿根廷可能会出现经济真空，必定会引起非常大的恐慌。如此继续下去，必然导致暴动或革命，阿根廷政府就会完蛋。这国家的铁路非常有潜力，况且，它的乳酪产品居世界之冠，阿根廷政府是不能垮台的。"

摩根眯起双眼，两手交叉，舒舒服服地往躺椅一靠，急切地问道：

"那么……需要多少呢？"

贝尔蒙凑前一步：

"7500万美元，年利率6%，这是罗斯查尔案。"

"好，就这么办。"

时光流转至今，已过去近一个世纪了，从目前的情形来看，当年美国对巴西、墨西哥以及阿根廷的高利贷政策，究竟是把拉丁美洲各国救出深渊，促进了经济的发展，还是在剥削压迫各国人民呢？

众说纷纭，实在是难以辨明。但在那个时代里，也确实是发生了许多类似的事件。

这时摩根决定给阿根廷政府贷款，正是"摩根化体制"国际化的一项冒险投资。

贝尔蒙并没有就此将话打住，继续他的高谈阔论：

"纽约市银行要贷款2500万美元给俄国政府，这件事你知道吗？"

贝尔蒙没有听到回声，但他熟知摩根的脾性，于是接下去：

"史提曼正在就这件事情频频同洛克菲勒的标准石油商议。"

"俄罗斯政府用什么作抵押呢？可是巴库的石油？"摩根对此颇有些兴趣。

"不，是巴库的铁路。"

"哼。"摩根哼了一声，但贝尔蒙一点也没在意就继续下去："德国皇帝受到美西战争的刺激，也想效仿这一做法，对太平洋的野心已日益暴露，而且还想染指东方的巴格达，你知道这件事吗？"仍是死一般的沉默。

"今天，我不仅带来了认购阿根廷公债的消息，而且还有十分重要的情报。摩根先生，让我们言归正传吧！"

号称国际通的贝尔蒙先对摩根大侃了一阵世界的经济行情，话题从阿根廷、巴库一直到巴格达。直到此时话锋一转才步入正题，他的声音也放低了许多。

"是这样的，摩根先生，有关黄金的事……"矮小的贝尔蒙眨了两三次细小的蓝眼睛。

摩根侧耳倾听。

"我大英帝国对黄金产量居世界第一位的南非黄金产地——特篮斯瓦省与奥伦奇自由邦所发动的战争……"

这次，摩根打断他的话了："只要英国方面投入压倒性的大军，胜负就立竿见影了。那时，特篮斯瓦和奥伦奇的联军很轻易地就会投降吧？"

"不错。"

贝尔蒙说着，两只小眼睛不自觉地又眯了起来。

作为荷兰东印度公司的殖民地而开发的霍屯督族的国家布尔（现在的南非），在拿破仑战争结束后沦为大英帝国的殖民地。不久，该地的钻石与黄金被探险家们开发出来，英帝国的殖民地政策，激化了与原先就居住在那儿的布尔族人加深了决定性的矛盾，结果发生了第一次布尔战争（1880～1881年）。英国人胜利地将布尔族人驱逐到北方，将黄金钻石的产地统统收归己有，加以管制。如此做法，反而加深了与布尔族人的对立关系，于是双方又在1899年发生了第二次布尔战争。

在那种情况下，布尔族人顽强地以游击战对敌，使得大英帝国的远征军备受困扰，骑虎难下，欲罢不能，英国政府进退维谷。

摩根是深知这一点的，只是不愿说出来而已。

"根据报告指称，钻石大王薛西尔·罗德公爵的野心似乎也遭到极大的挫败。不过，布尔是个满地黄金钻石的天国，这同德皇帝垂涎中国的青岛及法国要求广州迥然不同"

说话听音，无可否认地，摩根的话中一半是对英国的讽刺。

英国政府自从对布尔人用兵之后，战争费用出乎意料地庞大。另外，与英国历来水火不相容的德意志皇帝正野心勃勃地计划建造一支大舰队。英国历来是海军的老大，岂容他人取而代之？因此，必然要同德国对抗，双方展开了激烈的竞赛。

如今，英国正陷入财政极端困难的状态之中，难以自拔，轮到美国帮助它的时候了。

摩根在同贝尔蒙对话的同时，并没有忘记给他这些暗示：

"我的父亲，曾经帮助过被罗斯查尔男爵放弃的法国政府，使它重振旗鼓。这次我相信，应该是美国救助因布尔战争而受困的英国政府的时候了。"

通过罗斯查尔银行，摩根开始同英政府进行磋商。

摩根首先从第一次布尔战争的公债开始下手，负责购买了金额计1500万美元的战争公债。几个月后，第二次认购了2000万美元，后来再重复地追加认购，实际上，总共认购了价值达1．8亿美元的英国政府债券。

做了这么多笔战争债务生意，对出让战争债券的各国来说，减轻了身上的负担；对摩根来说，也是日进万金，其乐无穷。不过，若非像他这样财大气粗、高瞻远瞩之士，谁敢贸然孤注一掷？

美国的国际地位正在快速上升，而摩根的地位也是如日中天。

7. 晚辈的挑战

约翰·盖兹原来是个名不见经传的家伙，可是，突然之间他在华尔街声名大噪起来，甚至还威胁着摩根。

盖兹比摩根小18岁，因为生性嗜赌，被人称作"百万赌徒"。

最初，盖兹在芝加哥郊外村落的某个私校里读书，毕业后又到西北学院学习了半年多的商业课程。

19岁时，盖兹就开始进入生意场。先是买下了村里小杂货店的半数股份。不久，干脆自己完全经营起这家商店，赚取丰厚利润。"创业艰难百战多"，但此时的他已初步显示出自己的商业才能来。不久，他在这个杂货店里积累了通过制造倒钩铁丝来赚钱的经验。

"人往高处走，水往低处流。"在杂货店里待了不多久，盖兹自己觉得拥有了去江湖闯荡的资本后便将小店卖掉了，卷上铺盖，带上本钱，远走高飞。

盖兹抵达得克萨斯州后，先是在一家铁工场做事，铁工场的老板叫艾尔伍德，是个十分精明能干的家伙。由于之前有经营倒钩铁丝方面的经验，老板就让他专门干起推销倒钩铁丝的行业，赚到很多钱。

当时，倒钩铁丝在德州的市场非常大。该州及其西部各州土地辽阔，农场遍布，再加上经常遇到风雨，木头栅栏不能久经风吹雨淋，因而需要大量的倒钩铁丝来加固篱笆。同时，牛马及羊等家畜的防护栏也对倒钩铁丝有大量的需求。盖兹瞅准时机，大力扩展市场，获得成功。

盖兹不愧是倒钩铁丝的经营专家，如此一个不起眼的东西却为他带来了滚滚财富。

但他并不满足于那些主动送上门的顾客，而把目光盯向更远地方的客人的钱袋中去。他通过租借牧场，把牛仔们集合在一起，然后花一些小钱举办牛仔技术竞赛，利用这些活生生的广告招徕不少顾客。这也是成功地推销倒钩铁丝的一种途径。

在得州待了一段时日，盖兹见识了不少人，钱也赚下一笔。受制于人不是长久之计，他又动了离开这个地方的心思。他觉得自己羽翼渐丰之后便走了。之后，他到了圣路易，仍利用他的一技之长干起老本行，开办了一家颇具规模的倒钩铁丝公司。

就在1898年，即美西战争还在如荼如荼地进行之际，盖兹开始在世界出名了。他在新泽西州联合了7家倒钩铁丝公司组成了一个资金为9000万元的美国钢铁-铁丝公司，使业界大为震惊，人们这才注意到，除了摩根、卡内基这样的老家伙外，原来还有一个叫盖兹的家伙。

盖兹也是蓄谋很久了。其实，在此之前，他就已在故乡伊利诺伊州取得了伊利诺伊钢铁中小制铁公司的股份，逐渐排挤了其他股东，取得了这些公司的所有权。然后，他以这些公司为母公司，逐渐合并各小企业向外扩张，手段非常凌厉，让人瞠目结舌，颇具摩根当年的气势。

"以超过股票时价的钱，支付给被自己合并公司的股东。合并后新公司的股票，再以超过它的价钱售出，他仍然赚了不少。"这是旁人对盖兹的评价。的确，这就是盖兹的一贯作风。

"他是一位视赌博与狩猎如命的天生大赌徒。"盖兹的秘书如此评价他。

盖兹的天性便是好赌，从伊州到德州至今，他的赌瘾不但没有因公务繁忙而收敛，反而因日渐鼓起来的腰包而大增。他的生活全部渗透在赌博之中，他赌技高超，驰骋于生意场，瞅准时机痛下一注。他基本上没有输过因此挣得了"百万赌徒"的称号。

自从在新泽西州设置根据地开始，美国钢铁公司就始终在钻夏曼反托拉斯法的漏洞。由于新泽西州允许企业利益可以跨州实现，这种动机和洛克菲勒将标准石油总公司移到新泽西州如出一辙。可见，盖兹战略眼光的敏锐。

也就是说，盖兹这位"百万赌徒"希望以美国钢铁铁丝作为根据地称霸于世界的钢铁业界。

当这家美国钢铁铁丝公司踌躇满志、打算合并明尼苏达的优良铁矿公司时，却碰了一鼻子灰。

两公司的股东大都一致同意合并，只不过还有一个要命的附带条件：

"将合并业务全权委托摩根处理。"

看来，摩根当时在钢铁业界的声誉远胜过这位晚辈。

第九章　钢铁业大对决

1. 与钢铁大王的对决

由美西战争（1898年）至第二次布尔战争（1898～1902年）不过短短的两三年时间，美国企业却迅速地成长起来，其程度可以用"异常"来形容。当然，大部分要归功于战争带来的奇迹。

根据全美企业统计记录指出，在美西战争结束后的两年间，总资本额增长到36亿美元，而且其中的70%是优先股。因此，如果要创业的话，立刻就可以获利分红。相对于投资股票期待赚钱的话，虽然优先股价格高，但人们还是青睐前者。

"将合并业务委托给摩根这种人，会不会被吃掉啊？"

"百万赌徒"此时像拿着一块烧红的炭，拿也不是，放也不是。但还是下定了决心。由于对摩根深怀戒心，他请来一位叫做加利的名律师商谈。

加利是一位非常能干的律师，而且盖兹是他的老主顾了，接受盖茨的委托并非头一次，每次的结果都会令盖兹满意。

接受这次委托后，加利忙开了，关于各种小型制铁企业合并案的幕后工作，以及关于将那些为了钻法律漏洞而迁往新泽西州的企业转移工作，全部由他一手包办了。

加利身为律师且精明能干，也从不间断全家上主日教会。而且，他本人从不干买卖股票或赌博之类的投机勾当。

然而，祸起萧墙，自从加利与摩根熟识后，加利就开始为摩根挖盖兹的墙角，使盖兹蒙受了不少损失。

原来，自摩根被美国钢铁铁丝股东委托后，在进行明尼苏达铁矿公司的合并操作时，素有摩根家"法务部长"之称的律师史登松与加利的接触频繁。这是一种机遇，也许是史登松对加利具有好感，而产生重大的影响。

自此以后，加利与摩根建立了深情厚谊，并一直持续了15年之久。而摩根生平最大的败笔——购买卡内基钢铁，加利在幕后扮演了一个极为重要的角色。

"百万赌徒"盖兹提出了这么一个构想——创设联邦钢铁公司。公司的资金高达2亿美元，排挤掉了卡内基家族的资本，进行中西部各州的钢铁企业大联合。

此时，加利还是盖兹的一名手下，"食人之禄，忠人之事"，他又被派往华尔街同J.P.摩根进行会谈。

自从德雷克歇死后，很长一段时间里公司并未更换名称。但现在，已经更名为J.P.摩根公司了。

"原来如此，要创设联邦钢铁……对抗卡内基……那是非常好的构想，不过，你认为白铁皮生意怎么样？感不感兴趣呢？"摩根经过一段时期的观察，白铁皮逐渐吸引了他的注意力。

"白铁皮……白铁皮吗？"加利冷不防被问到这样的问题，不禁有些张口结舌了。

"盖兹确实是一位能力十足的倒钩铁丝专家，这的确相当不错，不过以后在钢铁世界里，软硬制品全都得派上用场。比如建设大厦、铁桥、钢铁船等等。另外，你听说过吗？在底特律，有一位名叫福特的人，现在正大搞汽车生意……汽车是由钢铁和白铁皮制成的。也就是说，虽然存在着软硬兼施的制品，但一般家庭对软铁制品的需求越来越大，这个时代已经马上就会来临了。"

"是的。"突然听了摩根这一席形势分析的话，加利开始佩服摩根眼光的独到。

"在盖兹的构想中，加上全美265家白铁皮企业，将它们一并收归己有创立一个联邦钢铁企业，使之变成一个企业复合体，他负责资金筹措。"参与会谈的史登松频频示意加利，要他赶快答应。

在纽约，联邦钢铁成立的股东大会如期举行。大会结束后，加利被单独邀请到麦迪逊街的摩根寓所。

关于钢铁合并一案，加利成为摩根和盖兹之间的抢手人物。加利原先受雇于盖兹，为他奔波效劳，至于摩根则是为了业务而结识的。

在与摩根接触了一段时日后，加利被摩根非凡的本领所敬佩，逐渐从盖兹手下游离出来，向摩根靠近，最终成为摩根的得力干将。在此过程中，摩根也的确施展了一些微妙的手腕。

"摩根先生，你让我很为难。预先不经我同意，你就将我任命为你公司的总裁，这未免太突然了一些吧。在芝加哥的律师事务所，我还拿着7.5万美元年薪呢。而且，我的家人怎么办呢？他们不可能到纽约来。"

乍一看，加利确实与众不同，在物欲横流的时代，保持名节的人能有几个？事实上，加利并非是洁身自好的人。

"怎么，你要辞退总裁职务吗？嗯，非常好，不愧是加利先生。"威严的口气透着一丝揶揄。

"不，不是这样的。最重要的是，对这个公司的提案人盖兹要怎么交代呢？他非常生气呢。"

加利并非"良家妇女"，而是想自圆其说，两头讨好。

"这有什么？从今以后，联邦钢铁将成为控制世界钢铁的大公司。那个赌徒没有什么能力，能让他担任这么一家大企业的总裁吗？盖兹一味隐瞒着他在购物投机上几乎赔光老本的事，而且，这家伙居然敢打我的主意，先将我计划买下来的肯塔基的路易维铁路占为己有，接着就高价卖给我，哼，竟然在太岁头上动土……"

加利不得不保持缄默了。

摩根看他默然不语，又非常恳切地继续说：

"无论如何，请你要接下联邦钢铁。关于年薪，你要多少都行。一句话，薪水由你自己决定，领导层和职员都让你来安排。"

加利依然迟疑不决。"现在，我先来讲下组成联邦钢铁的期望。加利先生，今后的美国资本……已经不能再只顾及国内了。欧洲、亚洲及中南美洲、非洲等等，这些地方正十分盼望着美国的资助及工业制品的介入。这个时代，在不久的将来就会到来。美西战争，我们就遇上了这样的时机，布尔战争期间，我们也把握住了这种机遇，中国的义和团运动也是一样。不久以后，日本和俄国之间的战争在所难免，欧洲也有可能会成为一个大的火药库。"

真是"秀才不出门，能知天下事"，成天坐在寓所的圈椅上、吸着雪茄烟的摩根，他分析判断的准确性在此后的时间里都被证实了。"我也深有同感。"沉默已久的哈利第一次开口附和起摩根的观点。对于摩根这种少见的、热情的演讲，他不禁为之一惊，听得入迷了。

摩根也察觉到了这一点，心中十分得意，他继续演讲："美国的民众，也许只能对这些大概地了解一些罢了，可是我可以凭着自己的亲身体验觉察到这些。比如这一次，我决定认购英国布尔战争公债，后来也极其成功地消化掉了。我认为，这或许是美国民众们莫名其妙的第六感觉所致。即使墨西哥、波多黎各、菲律宾等地，情况难道不也是这样！那些国家和领土的债权都可以在认为最合适的时候卖掉，你说是吗？"

"是的，盖兹想必也应该知道……"

"盖兹嘛！他拥有像钻石、火柴或国家饼干一般的公司，可以精心地策划，但饼干和钢铁完全是两码事！像他这种人，完全就没有资格来支配世界！"

对于摩根而言，盖兹只不过是个跳梁小丑，不足挂齿。

"对了，你知道匹兹堡……不，第5街的那个小苏格兰人吗？"摩根突然发现，加利似乎对关于盖兹的评论有些过敏，便话锋一转，将目标移到卡内基身上。

"是安德鲁·卡内基吗？"

"不错，你知道卡内基的年收入吗？"

"不知道。"

"让我来告诉你，3年前净赚700万元，去年是4000万元，今年一定又加倍了。"

"就是说，去年是6倍，那么今年就该是12倍了。"

"是净赚呢！"

"是……"

"我想，对我而言，世界上再没有什么比卡内基更让我讨厌的了。不过，我也只注意他的事业。"

像摩根这样狂妄的人，能获得他的称赞必然是难上加难，能引起他讨厌的也只有卡内基这样的人了。

"想买吗？"加利问道。

摩根未置可否，一笑置之。

摩根肥厚的双唇之间，紧紧地衔着一根粗黑的雪茄。从雪茄的尖端吸入再猛吹出来的烟，在加利看来，如一种妖气，这也许是一种心理作用吧。在这屋内的史登松及加利此时才了解，原来摩根心里想着的是和钢铁大王安德鲁·卡内基对决的事。

2. 摩根、卡内基之战

组成联邦钢铁后，摩根指示全部的关系企业及宾夕法尼亚铁路等摩根集团的全部铁路，一齐向卡内基钢铁订购铁轨及各项材料。

于是，摩根、安德鲁·卡内基之战——被喻为世纪性的企业战争的战火被点燃了。

华尔街，确实是人才会集、龙争虎斗之地。有老一辈的摩根，有盖兹这样的稍年轻之人，此外，又出现了一个叱咤风云的莫尔帮。

芝加哥投机家威廉·莫尔，身材高挑，体格壮硕，令人生畏。他与弟弟及伙伴们在华尔街被称为莫尔帮。

摩根对莫尔完全没有好感。莫尔不但在体形上占有优势，在投机场上也是一位能手。美西战争（1898年）爆发后，他的声名大噪，令人刮目相看。无怪乎有人说："此后华尔街的皇帝不是摩根，就是莫尔帮。"

同盖兹相比，莫尔有着完全不同的履历。

莫尔出身名门望族，父母都是纽约的银行家。莫尔可谓不贻祖训，他专攻法律，是一位律师，经常以他的专业知识挑战法律，获得了很高的评价。

莫尔先后接手了不知多少的诉讼案件，当然不乏各企业、公司的委托。在同那些人的经常接触中，他耳濡目染了许多投机的诀窍。

莫尔使得钻石公司增加了资本，将资金由原来的750万美元发展到1100万美元。接着，不到半年，在他的一手操办下，几个制造包装用厚纸箱的中小型公司合并成一家大公司。

这个项目刚刚完成，他又以迅雷不及掩耳之势，凭着十分凌厉的手腕，成功地促成了纽约饼干公司的900万美元的企业合并。在8年之后，这家饼干公司雄心勃勃，又联合了另一家咸饼干企业，组成了声名赫赫的"国家饼干公司"，市场约占全美的90%，成为一个名副其实的大企业。

这些还只是莫尔早期的小成就，在美西战争爆发后，他就将"白铁皮铁板公司"、"国家钢铁"及"美国钢管"等3家钢制品公司加以合并，组成一家资金达1.5亿美元的大型制铁企业，在全美制铁企业中排名第四，这是他的得意之作。

在美国钢铁企业的排行榜中稳居第一把交椅的是卡内基，摩根只能权且坐着银交椅，第三位就是那个在五大湖中西部一直到南方大肆购买铁矿山并插手制铁业的洛克菲勒。

"卡内基与佛里克两人似乎有将钢铁、焦炭及相关的全部制铁企业股票卖给莫尔帮的企图！"

当布尔战争（1899年）爆发的时候，这一不确切的情报传入摩根耳中。

捎来这个情报的人，似乎是个性与莫尔如出一辙的"百万赌徒"盖兹。但是，也并不能确定就是他，也许是另外一个人。

"卡内基对莫尔开了什么价码？"摩根这样追问捎来消息的人。

"3.2亿"，旅居于苏格兰斯吉伯堡的卡内基已全权委托他的同伴佛里克处理这桩买卖。据说定下的期限是半年，莫尔必须先出100

万美元的定金。交易谈成则已，若交易失败，这100万美元卡内基将收归己有……"

"那么，这等于是说，卡内基以3．2亿美元为价码，同莫尔订立契约了。"

摩根一直将卡内基视为眼中钉、肉中刺。卡内基这个织布工人的儿子，从每星期挣1.2美元一直发展到今天这个势头，在财富上他甚至超过摩根，成为当时全世界最富有的人。眼下，这个严重威胁着摩根帝国的人突然急流勇退，把事业转交给一个后起之秀，对此，摩根怎能坐视不动呢？

卡内基这次隐退并不是没有缘故的，在这段时间内，他一而再地遭到了丧失亲人的沉重打击。先是他最敬爱的母亲撒手而去，然后，弟弟汤姆也离开了人世。时隔不久，在布拉德克的工厂里，发生了熔炉爆炸事故，他失去了最信赖的得力助手琼斯厂长。

真是"福无双至，祸不单行"，接踵而来的沉重打击使卡内基想了很多事情：自己本来是个穷光蛋，可是现在却是忆万富翁，为什么我现在这么富有了，上帝却偏偏在这时让我承受亲人朋友离我而去的痛苦呢？难道说，正是因为我的财富给我带来了无尽的罪孽？这位钢铁巨人苦苦思索着这一切，最后，终于萌生了放弃事业的念头。

"听说那苏格兰人在斯吉伯堡中被深奥的哲学给迷住了，说什么富人若不能运用他聚集钱财时的才能，在他生前将其钱财捐出来谋福利，也是那么不光彩地死了。"摩根自言自语道。他一想到那个满脸都是胡须的苏格兰人，就禁不住要"怒从心头起，恶向胆边生"。

以后的消息传来，说莫尔同卡内基钢铁的佛里克总裁的谈判无结果而散，莫尔白白拱手相送100万美金。谈判失败的借口是，莫尔这一方面根本没有财力筹措出那么庞大的资金来。

一个庞然大物，很多人都想吃掉它，有的人不但没能对付得了，反而闹出胃病，落得个"偷鸡不成蚀把米"的下场。

莫尔就是这些不自量力的家伙之一，在他放弃了购买卡内基钢铁的念头之后，又合并了一些小型企业，创设了"美国钢铁"及"美国制罐"等两家公司。这两家公司好像是为了让摩根吸收合并而特意创设的，背负着如此的命运。

"卡内基这次又好像有意将事业卖给洛克菲勒！"

摩根在听到这个消息时惊奇得不得了，为什么卡内基偏偏没有想起过他？

"不，洛克菲勒光石油已经够他忙了，绝对不会买的！他现在必须致力于控制世界石油才好，怎么可能再插手钢铁呢？"

摩根不再去想洛克菲勒的事，他暗中等待时机的成熟。果实熟透了自然就会落下，这是牛顿的自然定律，相信卡内基现在所做的全部都是徒劳的。

3. 钢铁大联合

在得克萨斯州的东南部，有一个叫博蒙特的乡镇。该镇位于尼杰斯河三角洲的农业集散地上，距离现在的"太空中心"休斯顿不远。

博蒙特镇郊外有一个称为"大丘"的圆形丘陵，附近农家小孩经常跑到这儿来玩，有时甚至在丘上放起火，使大丘燃烧起来，因此有了"燃烧之丘"的名称。

后来，有一个叫希金斯的伐木者在一次砍伐树木的意外中，失去一条手臂。在百无聊赖之时，他从丘下的砂层之中挖掘到了石油矿脉。然后，他在奥地利海军上校鲁卡斯的协助下四处筹募资金。

在此之前，"标准石油"虽然派出会员来该地作过调查，但是正从垄断下游发展到上游的洛克菲勒，这时在俄亥俄州内投资的新矿山刚刚惨遭失败，心情非常郁闷，无心他顾，因此在接到调查汇报后漫不经意地做出轻率的结论：

"德州的燃烧之丘不值得开采。"

就这样，晚年的洛克菲勒错失了墨西哥的大宝库。

错失的另一个理由是：在那时掀起的强劲反托拉斯风潮中，他成为了首当其冲的责难对象，因此陷于焦虑之中。

而在此同时，有人向鲁卡斯与希金斯透露道：

"匹兹堡的麦隆银行对它似乎颇感兴趣。"

两人颇感意外："是安德鲁·麦隆吗？真有趣！"

麦隆提出的条件是：将试挖者的收益作为纯收益的1／8，而由他另外再垄断燃烧之丘周围1.5万公顷（约1830万坪）的土地。

两人欣然答应。

于是，麦隆开始了对燃烧之丘的投资。

摩根咬着粗雪茄，自言自语起来："匹兹堡的麦隆银行终于把石油拿到手了。此外，他不仅跻身铝业界，还投资了西屋技师所发明的空气制动器。对了，麦隆在获得德州油田后，少不了还要投资得克萨斯铁路，建造石油装运港口和炼油厂吧！"

咬了一口雪茄烟，摩根又喃喃自语道：

"舰壳石油与英国海军司令部订立秘密契约，把柴油变成军舰的燃料，又联手在得克萨斯州刚刚搞到油田的麦隆，想让洛克菲勒大吃一惊，洛克菲勒想必不会对此一无所知吧！"

卡内基在斯吉伯堡旅居期间，由佛里克总裁负责处理匹兹堡的"卡内基钢铁"，但自从荷摩斯特工厂罢工酿成一场流血大惨案（1892年）以后，两人常常发生摩擦，感情因此破裂。最后，佛里克忍无可忍，干脆递交了辞呈扬长而去。这件事发生在传说莫尔和卡内基交易破裂后不久。后来许瓦布被任命为总裁。

当年，匹兹堡郊外的布拉德克工厂厂长琼斯每天早上都到工厂附近的杂货店跟店主许瓦布买雪茄。一回生，二回熟，琼斯对许瓦布的才干非常欣赏，因此对他加以提拔。许瓦布慢慢地显出才干来，直到最后，继任了佛里克的总裁职务。

而摩根的女媳是许瓦布的知交，所以，当时卡内基考虑到这种关系，就授意许瓦布接近摩根。由于有了这种传闻，因此，对于两位巨人间大对决的内幕，有必要仔细调查，并核对双方的记录。

许瓦布应邀到纽约大学俱乐部演讲时，凑巧和摩根邻座，"酒逢知己千杯少，话不投机半句多"，交谈一阵之后，两人惺惺相惜，于是结为知己。

之后，在由盖兹帐下投入摩根阵营的精明律师加利的大力邀请下，许瓦布在纽约再次被招待。但根据摩根这一方面的资料，关于两人的接触经过细节的论述，与这里所说的稍有不同。

许瓦布在当晚的演讲中讲道：

"当今的美国企业，都是好几家公司联合制造出来，并没有一家企业能够独占同类产品的现象。例如，一家企业公司主要制造机车或者货车。如果能这样，那么企业效率就会大幅度提高。为什么不能做到这一点呢？"

这场演讲，摩根自始至终都听得非常仔细。而这一席话，却成为摩根与卡内基企业大合并的契机。

"创造各行业单一公司的独占性企业，再将它们大合并的话……"摩根的脑中突然想出了一个巨大的设想。

结束大学俱乐部的晚宴后，摩根就迫不及待地将许瓦布邀请到坐落在华尔街角落的办公室里，而不是麦迪逊街219号的寓所里，并且破天荒地同他交谈到深夜。没过几天，许瓦布又被摩根请进自己的办公室。

后来，卡内基再次重振旗鼓，猛烈地攻击摩根。

卡内基发表全面扩张计划：在伊利铁路沿线，建造价值达1200万美元的"国家钢管公司"。这个计划墨迹未干，立即又宣布在匹兹堡兴建新工厂，以及计划在匹兹堡到伊利之间修建新铁路，和宾夕法尼亚的铁路干线对抗。

卡内基从斯吉伯堡回来后，与许瓦布在纽约的圣安德鲁尔俱乐部打完球后，两人走进卡内基别墅的书斋里。卡内基潦草地在一张纸条上写下了：

"1.5美元。"

——这段轶事，卡内基和摩根在个别的传记中都有记述，并且内容都是一致的。

"如果是时价的1.5倍,我就卖!"卡内基这样指示。

根据卡内基的资料,公认的卖价是3亿或4亿美元,可是这里并不明确。但摩根那边的资料却指出:

"以4亿以上达成协议。"

数字非常庞大,令人咋舌。

不知什么缘故,这两个互相憎恨的人见面的机会却非常多,也许是"不是冤家不聚头"吧。

很凑巧地,在买卖成交后的一个月,两个巨头又意外地在大西洋客轮的甲板上巧遇了。

"是摩根先生啊。"

"哦,卡内基先生,别来无恙啊!"

"你还欠我200万美元呢!"

"为什么?"摩根的眼睛瞪得老大,在这桩买卖上他可没少花。

"卖给你太便宜了啊!"卡内基回答。

"啊,原来如此,那么,我就付你200万美元。不过,有一个附带条件。"

"条件?"这回轮到卡内基吃惊了。

"以后,无论在哪碰到你,都不会和你说话。"

1901年4月1日,愚人节那天,US 钢铁正式成立,举行了隆重的新闻发布会,此时公布的新公司拥有8.5亿美元的资金。

一个月后,举行了第二次发布会:"US 钢铁拥有10.18亿美元的资金,发行3.01亿美元的新公司债券。"

就任US 钢铁总裁的加利紧盯着摩根,说道:"这样一来,必须购买洛克菲勒的五大湖铁矿,否则就会有原料不足的危机,况且那里的钢铁品质高居世界第一位呢!"

"这我知道……问题是,要如何购买呢?"

"请你和洛克菲勒见个面。"

"我不喜欢那个家伙。"

加利表情严肃地说："摩根先生，如此一个钢铁大联合，可以说是美利坚合众国历史上的奇迹，个人的恩怨成见不应当进入如此巨大的企业中。拜托！请您抛弃那些微不足道的成见，去和洛克菲勒见面，买下那丰富的铁矿山吧！"

"知道了，我只是说我讨厌那人而已，别误会了，加利先生。"摩根好像要将什么东西吐掉一般地说，接着就真的把雪茄烟的渣子吐在了地板上。

4. 解除太平洋股票危机

在 US 钢铁成立后，摩根终于可以松一口气了。

于是1901年4月底，摩根到位于法国东南部山区的艾克斯度假休养。艾克斯以雄伟的山色和罗马文化遗迹而闻名，同时这里的温泉也吸引了一批批的欧洲王室成员来疗养游玩。

5月4日这天，摩根收到一封发自纽约的电报，内容令他大吃一惊。趁他不在国内的时候，竞争对手对他名下的北太平洋铁路公司发动了一场突然的袭击。

摩根与北太平洋铁路公司的渊源可以追溯到20年前。

1880年，摩根筹资4000万美元完成了该段铁路最后阶段的建设，这项投资在3年后挽救了北太平洋铁路公司，使其免于破产的命运。

在经过长达5年之久的银行家控制的投票信托期后，北太平洋铁路公司又经历了一段狂热的扩张期，但是到1893年，还是因负债累累而陷入困境，再一次需要摩根对其进行干预。

詹姆斯·J.希尔，大北方铁路公司的总裁，他一直对北太平洋铁路公司的建设和发展情况密切关注。

像镀金时代的其他美国企业界大亨一样，希尔一直把自己视作

"美国的拿破仑"，并且酝酿着许多雄心勃勃的宏伟计划。当时，尽管美国建成了许多铁路，但是没有一条真正贯通美国东西方向的铁路。因此，希尔梦想能够建设一条这样的大型铁路系统，将大陆的铁路运输线与欧亚贸易的海上航运线连接起来。

如果大北方铁路与北太平洋铁路合作，就可以将铁路继续向南延伸200英里，从而在产粮区和出口贸易区之间建设一条高效、经济的运营铁路。

因此，希尔向摩根建议，要求结束美国西北部这两大铁路的竞争，成立联合企业。接着，希尔和他的合伙人购买了北太平洋铁路公司1600万美元的股票，约占股份的10%。

北太平洋公司在1896年进行了重组，摩根主持的信托委员会先后任命温特和梅林出任总裁一职，希尔一直对此不满。

这次摩根收到的电报内容令人震惊：一个由银行家和铁路运营商组成的联盟正在密谋在市场上收购北太平洋铁路公司50%以上的股票。

策划这场突袭的人是爱德华·H.哈里曼，他控制着联合太平洋铁路公司，长期与摩根不和。摩根在华尔街的优势地位和倨傲的态度招致很多同行不满，甚至嫉恨。在这次针对摩根的突然袭击中，以城市银行为首的各大财团纷纷给哈里曼撑腰。

就在摩根离开美国前往欧洲之际，哈里曼指使库恩—洛布公司的总裁希夫开始了购入北太平洋公司股票的行动。

1900年，北太平洋的股票价格从每股45美元涨到86美元，到1901年4月1日涨到了96美元，成交43.7万股。在整个4月份，该股票一直保持攀升势头。到4月22日，北太平洋股票涨到103美元，25日涨到105美元，到4月30日该股票在纽约交易所成交量创造了新的记录，达到330万股。

根据哈里曼判断，在最高决策者——摩根本人不在纽约的情况下，北太平洋股票出现异常不会引起摩根财团其他人的注意。

到5月3日，星期五，希夫已经投入7900万美元购入了北太平洋公司75万优先股中的42万股，以及80万普通股中的37万股，基本上实现了对这条铁路的控制。

为了获得更大的胜券，希夫希望希尔也加入他们的阵营。加上希尔所拥有的股份，他们就稳操胜券了。

但是这次他失策了，尽管对摩根不满，但在仔细考虑后希尔还是决定和摩根同乘一条船。

离开希夫后，希尔立刻前往华尔街23号与摩根的合伙人进行商议。

最后，他们发现了一个对自己特别有利的条件：既然北太平洋铁路的董事们——主要是摩根的人——能在1902年1月1日以后撤出他们的优先股，那么当前的普通股将起到决定性作用，而哈里曼所控制的普通股恰恰还不到一半。

正是基于这种考虑，培根很快就给摩根发去了一封电报，随后，摩根星期六傍晚在法国艾克斯回电告知："立即购买15万股北太平洋公司的普通股！"

5月6日，星期一，大批摩根—希尔集团的经纪人涌入伦敦和纽约的各个股票交易所，购买所有能买到的北太平洋的股票。当天，北太平洋股票以每股127.5美元在纽约交易所报收，第二天就涨到了149.75美元。

当希尔要求他伦敦的合伙人不要出售北太平洋股票时，他们回答说："这里的朋友坚定地站在你们那一边，我们很吃惊希夫会参与到这场从你们手中攫取北太平洋铁路的活动中来。"并要求彼此之间随时保持联系。

对于北太平洋股票在各个股市所出现的异常剧烈波动，就连该铁路的经营者也感到极度困惑，不知其所以然。

星期二，北太平洋铁路公司总裁查尔斯·梅林从圣保罗给他在纽约的副手发电询问："你能否告诉我那里究竟正在发生什么？我们的股票为什么动荡得如此剧烈？"

在北太平洋股票开始攀升的几天时间里，那些短期投机者们判断不会再上涨了，于是相约在140美元的价位时就停止购买，等价格回落时再买入。

然而，星期二，当摩根的经纪人在每股146美元的价格上停止进行收购时，股票价格不但未见下跌，反而更加狂涨不已，整个股市都随之疯狂了！

在1901年的5月7日、8日两天，其他股票开始暴跌，因为那些北太平洋股票的短期投机商们抛售了所有股票以获取资金回补，然而，到了第二天，5月9日——股票史上的"蓝色星期四"，北太平洋股票价格居然暴涨至近似荒谬的程度——每股1000美元！

纽约的股票投机商们终于冷静下来了，并清醒地认识到：整个股市已经被某种看不见的力量牢牢地逼近了死胡同，他们已经放空了10万多股北太平洋股票，再也买不回来了。

摩根—希尔集团在两天内购买了15万股股票，如果按平均每股129美元购买的话，他们所花费的资金额差不多高达2000万美元。

他们还在华尔街引起了不少的震动和惊慌，J.P.摩根集团和库恩—洛布公司在"蓝色星期四"这一天均意识到：如果华尔街的这种恐慌不能被迅速遏止，那么将有不计其数的股票经纪人和持有人会因此遭到空前劫难，而整个纽约股市也将毁于一旦！

基于这种担忧，两大财团的银行家们决定推迟交割自己所购买的股票，并以每股150美元的价格抛售足够的数目以供短期投机商回补，随后，希尔和哈里曼联合向公众承诺：双方将进行和平谈判。

一场空前的纽约股市金融恐慌终于消退了。

5. 新的时代来到了

7月初，摩根回到纽约后重新任命了北太平洋公司董事会，成员包括哈里曼、希尔等人。并且成立了一个大型铁路联合企业，以实现西北部铁路的永久和平。

刚刚解除了北太平洋股票危机没多久，就要离开办公室前往码头乘坐海盗3号出航的摩根从记者那里听到了一个令人震惊的消息：

1901年9月14日，再度当选总统的麦金莱被无政府主义者暗杀。

摩根立即回到了办公室。

据说他脱掉外衣后仰天长叹："这是我生平听到的最悲痛的消息！这种事怎么可能发生？"

麦金莱对美国资本主义的建立确实是立下了汗马功劳的。他通过美西战争扩张领土，对内，实行对输入商品征收重税的保护政策，对外，要求各殖民地门户开放，以掠夺市场。同时，他也是对大资本的独占垄断协助最积极的共和党总统。

摩根，这个在US钢铁大合并后被称为"华尔街丘比特"的大财阀，在得知麦金莱遇害的消息后，竟哀叹这是他一生中最悲痛的时候，这是可以理解的。

因为摩根内心刚刚谋划出一个宏大的蓝图，企图以US钢铁为核心建立一个超过洛克菲勒的大托拉斯。

然而戏的剧本刚刚完成，这个重要角色，这个大资本家的积极拥护者麦金莱总统却突然死去了！

"副总统老罗斯福会不会升任呢？这个受民主党支持的改革派！"摩根一脸不悦地自问自答着，在室内踱开了方步。

老罗斯福此时的名声已是如日中天了！

这位年轻的自由派共和党人，因为支持克利夫兰民主党而出名，他曾经是一个西部牧场主；也曾作为一名骁勇的军官率领着他的"悍马骑兵队"驰骋于美西战场。在纽约做警察局长时，他又是一个彻底清肃贪污腐败的"铁面判官"。当上纽约州长后，对大企业征收重税，被他们视为眼中钉。他是个共和党的异端！

"这个讨厌鬼要当总统了，我们要倒霉了！"摩根终日烦虑，却一筹莫展。

"算了，担忧也于事无补，还是再盘算一下加利说的购买洛克菲勒的梅瑟比矿山的事吧！"摩根自我安慰着，定下心神。

梅瑟比矿山在明尼苏达的五大湖畔，是全美最大的铁矿山，藏量5000万吨。原来是由当地叫梅利特的五兄弟开发的，矿石品质比摩根自己占有的矿山的出品还要优良，居全美之首，所以加利提议必须把它买下来。

洛克菲勒买到梅瑟比矿山是十分偶然的。当梅瑟比矿山为铺设搬运矿石的铁路而发行公司债券时，洛克菲勒在他人的怂恿下购买了40万元债券，此后这些债券就一直被搁置着。在一次洛克菲勒的个人财产整理中，一个叫佛烈德里克·盖兹的牧师却异常清楚梅瑟比矿山的潜在价值。

作为洛克菲勒个人财产管理人的盖兹牧师，跟"百万赌徒"盖兹不是同一个人。

头发全都掉落成秃头的洛克菲勒避住在哈得逊河畔的波玖迪克别墅，还经常暗地里与华尔街有电话联络，对股票的交易非常感兴趣。他从未买到过大捞一把的股票，但受骗上当购买无可救药的股票的情形却发生了不少，于是他雇用了盖兹，这个善于经营管理而且守口如瓶的牧师做他私人财产整理人。

脱掉黑色牧师制服，盖兹摇身变成一个十分精明的事业家。他毫不留情地把经营出现赤字的企业的股票卖出，并对金矿、银矿、铅矿的股票及纸浆股票进行整理，对可以挽回的股票则施加一些策略，最后留下14家企业股票。他这样对洛克菲勒报告："梅瑟比矿山品质优良，藏量丰富，是世界上最好的铁矿山，要不了多久它就会满足全美60%的需求。"

摩根脸上的阴霾一下子消失了，兴高采烈地来到公司，召来US钢铁总裁加利："今天早上我和洛克菲勒碰面了！"

"你能买到梅瑟比矿山吗？"

"早着呢！我是去问他开价多少。"

"结果如何？"

"他叫我自己开价。要是你会出多少钱？加利。"

"卡内基那边的佛里克曾要以500万美元买下这座矿山，你猜洛克菲勒究竟用多少钱买到它的？"

"多少？"

"50万美元。"

摩根只是用鼻子哼了一声，什么也没说。

这天清早，摩根就来到西区54街拜访洛克菲勒。

两个人彼此都非常面熟，尽管只有一面之缘。他们只是在洛克菲勒的弟弟威廉的酒宴上见过一次面，经人介绍后，他们也只是轻轻握了握手，没有说过一句话。

被请到客厅后，摩根没有寒暄就直接切入正题：

"我想购买梅瑟比矿山和五大湖的矿石输送船。"

"都买下？果然……"带着假发的洛克菲勒就此打住。

"您到底要卖多少？"摩根穷追不舍。

"哦，梅瑟比矿山嘛，我现在交给我儿子管理了，我现在不管什么事了。待会儿我叫他去华尔街拜会先生。"老头子装聋作哑。

小洛克菲勒先后进入名牌大学耶鲁和位于罗德岛州的名门学校——布朗大学就读。

大四时，小洛克菲勒就是足球队的经理。每当足球对抗赛开始，边线上就会出现身为石油富豪的老洛克菲勒，他指手画脚地提出许多比赛战略。

小洛克菲勒取得了卓越的经营业绩，他消除了球队的赤字并转亏为盈。但他并非是凭借父亲的钱而获得球队的成功的，而是凭着节俭、刻苦来求得发展的。他让那些曾经吃惯牛排的选手自己动手做饭吃，转移比赛地点时，他也会要求队员们自己带上用具。因为这种节俭与刻苦，他渐渐成名了。

小洛克菲勒进入公司后，突然被晋升为新泽西"标准石油"的副总裁。从那时起，人们就把"新泽西标准石油"简化了。而在公司里，他被称为"小洛克菲勒"，没人叫他"约翰"或"杰克"。大概是因为尊敬亚吉波多吧，从两年前他进入副总裁室起，对于"标准石油"的经营他始终保持缄默，但他并不是一个默默地坐在副总裁室里的闲人。

小洛克菲勒并不是等闲之辈，他开始插手华尔街的股票，甚至瞒着父亲和亚吉波多。

不幸的是，被称为"华尔街之狼"的小洛克菲勒在激烈的竞争中惨败。他回忆道：

"我硬着头皮向父亲报告，父亲一言不发地从头到尾听完后开始仔细地询问。最后，他对我说：'我知道了，杰克，仅这一次，我来收拾残局！'他没有责骂我，大概是要我自己认真反省吧。"

小洛克菲勒被父亲告知后来到了摩根公司，一阵寒暄后，他从容不迫地挺挺胸，开门见山地说："摩根先生，我此行目的不是为了卖梅瑟比矿山。"

这话在摩根意料之外。

"那——您来这儿有何贵干呢？"

"家父要我转告您，对于您的梦想他无意阻挠。"

摩根大惊，转念一想，这位老兄的话未必可信。于是他单刀直入："你们到底要卖多少？"

"7500万元。"小洛克菲勒淡然地说出了谁也料想不到的庞大金额，接着补充："价款必须用 US 钢铁股票支付。"

自从合并 US 钢铁后，摩根在华尔街多了一个绰号——丘比特。在希腊神话里，丘比特是"天之主神、众神之王"的意思。

此刻，这位"丘比特·摩根"心中陡然涌起一种冲动："卡内基也要求 US 钢铁股票，洛克菲勒的后代也想攫取我的股票吗？"这一刹那，他完全陶醉在胜利喜悦之中了。当然，这种感情丝毫也不会表露在他脸上。

摩根伸出右手，默默却又坚定地握住这位年轻人的手。

小洛克菲勒也握住他的手。

"请转告令尊：今天的美国必须由东部的新领导阶层，这一来自纽约的巨大力量来推动！新的时代来到了！我们必须共同注意信任的……比如社会主义的年轻总统……我的海盗船俱乐部时时对你和你的叔父威廉敞开。"

第十章　行业的领军人物

1. 晋见总统

1902年2月19日晚，摩根在他麦迪逊街219号的寓所举行了简单的宴会，参加的只有几位亲密朋友。宴会进行间，电话铃响了，接完电话折回座位后，因为极为愤怒，摩根握着杯子的手有些微微发抖，并毫不掩饰地说：

"司法部长诺克斯在罗斯福命令下提出无理控告，说北方证券公司违反反托拉斯法，必须解散，这个浑蛋！"

由控股公司所进行个人股票的相互交换——由于这一漏洞，夏曼反托拉斯法形同虚设，这件事已成为公开的秘密。

麦金莱总统死后，罗斯福，这个43岁的美国史上最年轻的总统在2个月前他的第一篇国情咨文中，直率地将炮口对准了垄断性企业。自从这件事发生以来，摩根就没有放松过警惕，但这天晚上的声明无疑引爆了一颗炸弹。

罗斯福是一个纽约的荷兰人后裔，因立志成为博物学家而攻读于哈佛大学，接着因伤心于新婚太太的亡故而离开纽约到西部经营农场。他是一个年轻有为的人，一个思想敏捷、精力充沛的领袖型人物。据说，他与约翰·肯尼迪（1917～1963年，第35任总统）极为相似。

在那篇引起轩然大波的咨文里他如是声称："资本过分集中是一种罪恶，即使不禁止，也必须对这种资本过度集中的垄断性企业联合进行严厉监视、管制。"

同是纽约的荷裔移民后代富兰克林·罗斯福（此人后来还娶了他的侄女艾琳诺）在他的就职演说，即那个著名的新政演说中指出："目前，表面上的物资丰饶掩盖了国民的异常贫困，造成这种结果的原因是支配金钱交换的兑换所顽固、无能所致。"

这篇演说，与严厉弹劾金融资本的老罗斯福咨文惊人地相似。

美国历史学家把老罗斯福比作接力比赛第一棒，第二棒是威尔逊，第三棒是富兰克林·罗斯福，第四棒是肯尼迪。大部分历史学家对这四位接力式的进步派总统给予了极高评价。

"老罗斯福是独立之初汉弥敦思想的继承者，把强化联邦政府权限作为执政目标，富兰克林与肯尼迪同样如此。"这种评价是极为中肯的。

反汉弥敦思想的里根却与他们截然不同。里根缩小联邦政府权限，标榜自由主义的美国政策，是企业的拥护论者。

晚餐桌上，摩根严厉攻击罗斯福，暴跳如雷："一定要把他从总统宝座上踢下来。"接着他又说，"下一任总统是马克·汉那！"

自从摩根组织US 钢铁后，就开始一步步迈向垄断。虽然他估计从第一年度起可获得10%以上的利益，但他仍然采取搁置降低钢铁价格的方针。

US 钢铁根本没有降低价格回馈利益于大众的意思，它采用从东欧意大利及德国引进新移民的策略，巧妙避开AFL（美国劳工联盟）准备用罢工来提高工人工资的攻势。然后将US 钢铁资金14亿美元中的发起人分配基金（占1／7）装入自己腰包，开始倾全力来调解在西太平洋铁路争夺战中两位幸存者爱德华·哈利曼和詹姆士·希尔的争斗工作。

这场战争刚刚胜利，突然间，罗斯福的第一把火就烧到了北方证券公司，这可是摩根、哈利曼和希尔三者和解的产物呀！它的总公司在新泽西，并控制着通往西海岸6条铁路中的4条，是一个地地道道的企业合并大本营。

就在诺克斯提出控告后第三天，摩根晋见了总统，随同的是俨然已是他的参谋的共和党全国委员长马克·汉那。

马克·汉那与洛克菲勒是高中同学，他们曾一起躺在伊利湖的白沙滩上谈论着彼此的雄心壮志。当时，共和党跟大企业正眉来眼去，互相勾结，而马克·汉那则可以说是对之前被暗杀的麦金莱总统最具影响力的共和党元老。

2. 总统的妥协

华尔街股票开始暴跌，情况愈发可危！假如法院受理总统对摩根的控告而那个青年的罗斯福又胜诉的话，接着受到起诉的就不只是北方证券公司了，这一点已至为明显！US钢铁及标准石油，还有其他托拉斯都将难逃法网，相继倒下。

据估计，当时全美各界形成的托拉斯资本总额高达130亿美元，所以，罗斯福攻击的对象不只是摩根。此时的美国企业界人人自危，一片恐慌，真是"山雨欲来风满楼"！

摩根与年轻的总统面对面坐着，马克·汉那介于其间，神情诡异的司法部长诺克斯则坐在总统的稍后方。

"您为什么径自提起诉讼，却不事先通知我？"摩根满嘴火药味。

跟他的前任相反，人高马大、胸脯异常宽厚的罗斯福并不惧怕纽约财界。控诉提出后的当夜，雪片般飞来的投诉与表示支持的电话更使他信心十足：

"我才不用事先通知呢！古巴出兵以来，我的一贯方针就是决定后立即执行！哈哈哈……"年轻的总统挺起他异常宽肩的胸膛大笑。

他并没有通知包括麦金莱政权时代的国务卿海约翰及陆海军部长在内的一切阁员，只命令司法部长诺克斯发布。他还设立了通商劳工部以便政府介于企业与劳工间的纠纷，不过这一工作是秘密开展的。

"总统如果认为我们的企业违法，请司法部长同我们的律师互相协调不就可以了吗？"

"不，不可以！"总统斩钉截铁地将摩根的抗议重重顶了回去。

"我们要禁止垄断，因为它妨碍了自由竞争，这不能通过协调来解决。"诺克斯插嘴道。

"原来如此！总统是准备发出解散US钢铁的命令了！"摩根狠狠地说，事露了敌意。

"不！除非抓到US钢铁违法的证据，我绝不会命令有独占嫌疑的企业解散。"总统坚定地说道。

白宫里的会谈终于破裂了。

摩根与马克·汉那头也不回地扬长而去。同时他还在心里盘算着下次大选一定要推出马克·汉那。

但他怎么也想不到，下次大选开始时，马克已经病入膏肓了。

送走客人，总统回头对诺克斯笑道："这就是所谓华尔街丘比特所想的！他把堂堂美利坚合众国总统当作他的一位投机竞争对手！把我当成要毁掉他公司的人，一旦情势与他不利，便提议妥协了。"

"妥协吗？"

"不！因为屈服的不是我！"总统毅然回答。

鹿死谁手呢？

当麦克阿瑟还只是一个刚从军校毕业的中尉时，他曾经做过罗斯福总统的秘书。

"您如此受到人民的爱戴，原因是什么呢？总统。"麦克阿瑟曾经这样问。

"把民众心里说不出的苦恼替他们表达出来，这就是原因。"

总统平静地回答。

当时，女新闻记者艾伊达·特贝尔曾写了本畅销书《标准石油的历史》，此外，同类的书还有社会主义者辛克莱著的揭发芝加哥牛肉托拉斯丑闻的小说《丛林》，以及揭露糖果托拉斯将骨粉渗入椰子巧克力的丑闻的小说，这些小说的陆续出版，标志着"揭发丑闻时代"——国民觉醒时代的到来。趁着这个时机，罗斯福大肆攻击支持共和党的独占资本家，在这场选举大赌博中押下了大赌注，以争取一般大众的选票。

1902年是中期选举的一年，各小选区众议员都必须更换，这样，争议的焦点自然就集中在关税变化和企业独占上了。

"这是一个垄断的时代，垄断从钢铁、石油、小麦直到砂糖和威士忌！夏曼反托拉斯法案到底哪儿去了？这当初受到民众支持并经议会通过的反垄断法律，而今却成为大财阀的凯旋门。"罗斯福敏锐地感觉到这股沸腾的反托拉斯浪潮，将炮口对准了摩根。

白宫会谈破裂后，US 钢铁马上召开紧急干部会议，决定禁止加利总裁访问白宫，只因为他与罗斯福私交甚厚。

1904年3月14日，联邦最高法院终于宣布司法部长控告北方证券公司一案终结。9名最高法官表决结果，以5比4的比例，总统的控告获胜，摩根败诉。

1904年正是大选之年！

总统跟共和党间发生了巨大变异，这是只有美国才有的变异，令人摸不着头脑。共和党选举委员会的捐献金钱资助总统选举名单通过新闻媒介公之于众，弄得美国民众百思不得其解。

罗斯福获得了庞大的政治捐献金，那就是财界提供的210万美元，这在当时，数目是异常庞大的。

乔治·古尔德，这位继承北太平洋铁路股份的大垄断资本家，提供了50万美元，罗斯福为什么要接受这位与太平洋铁路股票有关的人的捐献金呢？

炮轰摩根的罗斯福形象受到了损害！更令人疑惑的是J.P.摩根公司捐献了15万美元，标准石油也捐献了10万美元。

而焦炭大王亨利·佛里克，这个跟卡内基断然分手、执著而毫不妥协的原卡内基钢铁总裁竟成了摩根在政治捐献金上使用的议会活动者，这又越发使人感兴趣了。

"即便是强大的罗斯福，也因害怕竞选失利而同我们妥协。我们是因为他保证不对铁路和钢铁企业动手才提供政治捐助的，但他并不守约！他让我们白花了钱，总统是不能收买的，事实证明。"佛里克公开指责白宫。

"摩根撒谎！"罗斯福发表声明断然否认。

华尔街显然支持摩根，那里传出这样一首歌谣："据说除了罗斯福，全美都撒谎。挺着宽胸脯、来来回回撒谎的总统，是铁打的吗？不，他只是看来如此，其实只是个泥人……"

美国政治与财经向来都是作幕后交易的，但这种交易的实质是什么呢？没有人弄得明白。"我们不是要毁灭大企业，巨大的企业对于近代工业的发育成长，具有不可缺少的作用。我们不是要对大企业进行冲击，而是要去除随之而来的各种坏处。"总统咨文中作如上语。

再明显不过了，总统妥协了！

讨伐垄断企业，这是老罗斯福备受称赞的一手，被称作"公正的政治"。而在华尔街的大恐慌中，那位成为他侄女婿的富兰克林·罗斯福从轮椅上发出的讲话被后人称为"新政"。

富兰克林·罗斯福的政治思想与老罗斯福简直是一脉相承的。《国家产业复兴法》是富兰克林·罗斯福新政的主干，但由于它的社会主义气味，共和党便倾全党之力加以排斥，以挽回颓势，结果富兰克林·罗斯福的所有新立法都必须通过联邦最高法院。

当胡佛任命的保守派最高法官们下达违宪判决时，富兰克林·罗斯福进行了愤怒的反击，他的那篇与老罗斯福的妥协大相径庭的咨文是这样说的：

"一个强盗集团，一个由饱食私利和私欲的经济财阀与巨大的政治权力在保守与自闭的堑壕中结合的集团，要摧毁掉美国人民的自由。"

这是老罗斯福与富兰克林的差异，抑或是时代的进步？

3. 参加美国圣公会大会

1907年10月，摩根和朋友一起来到弗吉尼亚州的里士满参加3年一次的美国圣公会大会。

就在他离开公司期间，两个投机商海因泽与摩尔斯企图控制一家铜业公司股票的阴谋失败，并导致一家矿业公司、两个经纪公司和一家银行破产。

这两个投机商曾经成功地劝说纽约好几家信托公司资助他们的投机行动，其中也包括摩根的老熟人查尔斯·T.巴尼的纽约人信托公司。

随着巴尼投资于这家铜业公司的消息传遍整个纽约，惊慌的纽约人纷纷开始从他的信托公司提出自己的存款。

在里士满召开的大会结束后，摩根立马乘火车返回纽约，并在星期天清晨抵达。

摩根直接去了自己的图书馆，他的合伙人都在那里等他。

他们向摩根描述了事情的全部过程。

纽约储户的提款要求在国家商业银行的帮助下已经连续两天得到了满足，此时国家商业银行已经成为这家信托公司的票据交换所，但这种挤兑情况极有可能在周一继续下去，并且恐慌注定是要继续扩散的。股价仍在下跌，而现金的供应却显得不足。

如果在接下来的几天里各地区的小银行和个人投资者都设法从纽约取出他们的存款，其结果将像希夫预测的那样："以前所有的恐慌，相比之下都形同儿戏。"

摩根吸着雪茄听他们讲话。他在1895年的黄金危机中曾经告诉过沃尔特·伯恩斯："我们的主要利益依赖于美国金融状况的稳定。"12年后，他的利益对于美国银行体系、货币供应以及股市的依赖性有增无减。

摩根返回纽约的消息传出后，记者们早早地等候在他位于第36大街的图书馆周围。

在整个星期天的下午和晚上，银行家和政府官员们一个接一个地来到这里拜访，而这位老人还在收集来自各个方面的消息。摩根曾经在他的律师、奥古斯特·贝尔蒙特和总统克利夫兰的帮助下处理好了1895年那次黄金危机。

到了1907年，70岁的摩根所面临的问题更为复杂，这次他需要的援助范围更广。

当晚两批人马被摩根在纽约召集齐了。

第一批包括他自己、第一国家银行的乔治·贝克尔和国家城市银行的詹姆斯·斯蒂尔曼，组成了一个总结各方信息、筹集资金以及决定如何分配借来的这些国内最后一点钱的高层指挥部。贝克尔同摩根已经密切合作30多年了，这次危机把不久前还称摩根为"过时的人"的斯蒂尔曼也拉扯了进来。

第二支队伍是由乔治·珀金斯、亨利·P.戴维森（他是贝克尔的助手、第一国家银行副总裁）和本杰明·斯特朗。戴维森在1903年参与组建了后来赢得广泛赞誉的银行家信托公司，他力荐斯特朗出任这家公司的秘书长。

这6个人将决定哪些信托公司已经发展无望和应该被允许解散，哪些信托公司根本上来说还是健康的，是可以挽救的。但不管怎样他们都必须找到足够可供应他们的流动资金，那样才能最终解决问题。

就在星期天的深夜，纽约其他金融家都表示要支持摩根提出的任何建议。财政部长科特柳托人捎话给摩根，说他可以借600万美元给纽约银行界，如果需要的话还可以再多一些。

直到第二天凌晨，摩根图书馆的会议才结束。

4. 拯救大恐慌

10月21日，星期一，摩根利用早餐时间同珀金斯进行了一次战略性谈话。这时纽约人信托公司面临的压力又增大了些，他们吸收了6000万美元的存款但现在只筹借了1000万美元的现金。

在第五大道和34大街的交会处，人们从午夜起就在纽约人信托公司门前排起了长队。星期二一早，就在摩根指派的人在营业厅后面的办公室里查账的时候，前面已经有非常多的储户来询问情况和提取现金。

《纽约时报》报道认为，在这条金融区的大街上，可以从一张张忧虑的面孔和一堆堆形色匆匆的人群中感受到内在的恐慌情绪。

到中午时分，纽约人信托公司就已经支付了800万美元，戴维森和斯特朗告知摩根，他们无法确定该公司是否有足够的资产作抵押以保证在短时间内筹集到新的贷款。摩根决定放弃这家公司，纽约人信托公司到下午2点钟就关门了。

继纽约人信托公司之后遭到最严重打击的是拥有1亿美元资产的美洲信托公司。为了缓解公众的恐慌心理，珀金斯承诺扶持美洲信托公司，但是在这种恐慌气氛中提及任何一个机构的名字都是一个错误。

珀金斯发越洋电报给远在伦敦的杰克："所有的手都伸向了你

的父亲，但他现在还能挺得住。"

因患重感冒，摩根病倒了。星期二基本上没有时间进餐，他用雪茄代替了食物。

第二天一早，即10月23日，星期三，萨特利好不容易才把他叫醒，当他起来的时候已经说不出话来了，好像处于昏迷状态。马克医生来看了他的病，并开了止咳的漱口剂和喷雾剂。

约翰·D.洛克菲勒也在他的慈善顾问的要求下于10月23日告诉美联社记者说，他将拿出自己一半的财产来维持国家在这次危机中的信誉。当记者们问他是否真的愿意拿出自己一半财产来制止这场恐慌时，他回答说："是的，先生们，这与我息息相关。"

摩根到达华尔街23号时已经迟到了，他发现哈里曼、弗里克和托马斯·F.瑞安在那里等着他，他们都想就如何结束这场灾难咨询一下他的意见，他说他还不清楚。在中午时分，他把几家信托公司的总裁召集到了办公室，把他们安排在办公室的里间，并告诉他们要作出一个计划来。

当天上午的报纸头条新闻写出了这样的题目：《摩根准备出手援助美洲信托公司》，在这条新闻的刺激下，美洲信托公司的门前排起了储户的长队，等候取出自己的存款。

下午1时，美洲信托公司总裁奥克雷·索恩告诉摩根，他只剩下120万美元的现金了，如果借不到钱的话，他就无法坚持到下午3点钟关门。

就在索恩离开J.P.摩根银行的时候，斯特朗带着美洲信托公司金融状况的初步报告回来了。他和戴维森刚刚忙了一个通宵来研究美洲信托公司的账目。

斯特朗后来回忆说，当他把自己的发现告诉这三巨头（摩根、贝克尔和斯蒂尔曼）时，摩根几乎没有说什么。这位老人不想知道详情，只想知道大致的现状和结果。他反复询问道："他们有解决办法吗？"斯特朗告诉他说美洲信托公司的剩余现金已经用光，但它的资产还有很多，并没有遭受很大的损失。

下午2点15分，索恩的现金只剩下18万了，他的雇员们押送着装满有价证券的皮箱和袋子来到华尔街23号。摩根一边咳嗽着、擦着鼻涕，一边在本子上做记录，当他发现这些东西已足够作为抵押时，他立即告诉斯蒂尔曼把钱送到美洲信托公司。

到3点钟时已有大约300万美元被送到了这家信托公司，使它暂时得以维持下去。这笔钱需要由第一国家银行、城市银行、汉诺威国家银行以及J.P.摩根银行均摊，而这些有价证券全部流入了摩根的保险库。

虽然美洲信托公司顺利地维持到了10月23日的下班时间，但它的前景还不明朗，同时其他机构也正在遭受同样的打击。威斯廷豪斯公司已经被破产管理了，林肯信托公司也已经步其后尘，匹兹堡证券交易所已经暂停交易了，而这件事也许会让纽约股市陷入更大的恐慌。银行向股票经纪人提供短期拆借的利率已提高到了90%。

国家的整个信用体系已是危机四伏。

摩根让信托公司的总裁们于当晚在位于第五大道与38大街交会处的联合信托公司集会，会见他本人、贝克尔和斯蒂尔曼。

人到齐之后，他认为信托公司恐慌是此次麻烦的缘由所在。第二天，美洲信托公司还需要1000万美元，而如果这些信托公司答应出资帮助它提高支付能力，银行和摩根的公司也会出手相助。

这些总裁谈了半天也没有达成一致意见，为打破这一僵局，贝克尔提议100万美元由银行家信托公司承担，但其他人还是不为所动。

病累交加的摩根，依靠着椅子睡着了，手里还拿着雪茄。他周围的谈判又继续了半个钟头，当他醒来后向斯特朗要了纸和笔。

他说："先生们，银行家信托公司那份已同意承担了。"他又转向身边一个人问道："马斯顿先生，农场主贷款信托公司将承担多少？"马斯顿同意承担与银行家信托公司同样的数额。

摩根围着屋子转了一圈之后，825万美元已经有了，他承诺其余的部分由银行负担，并且让斯蒂尔曼把科特柳尽快找来。

财政部长在和银行家们会见之后告诉记者们说，为了缓和这次危机，政府再借给纽约2500万美元，他本人将留在曼哈顿与地方财政部门共同做工作。他指出，如果公众了解了银行机构的真正实力，他们的信心恢复就是很快的事情。

摩根回到了家中，珀金斯给伦敦的杰克的电报中说："我们度过了非常艰苦的一天，整个金融区挤满了人……从人们的面部表情可以看出，我们已经渡过了此次危机，星期四这一天是决定性的，一切都会平安无事。"

星期四出版的《纽约时报》刊登文章：《科特柳送来了2500万美元》，《摩根的银行联盟将承担信托公司的票据兑现》。当摩根驱车前往办公室时，看到他的人们高呼："老人家来了！""那就是摩根！"

萨特利回忆说，摩根做出一副满不在意的样子"但是他的心情显然是非常愉快的"。

约翰·D.洛克菲勒星期四也拿出1000万美元支援信托公司，但恐慌还是蔓延到了股票交易所。

5. 每个人都筋疲力尽

金融机构回收贷款使股票市场上的现金流入受阻，每过几分钟就会有一位股票经纪人从股票交易所穿过街道来到J.P.摩根公司，告诉他们急跌的股价。到了12点半，现金变得稀少，以致活期贷款利率达到了100%。下午1点半，股票交易所主席兰森·H.托马斯对摩根说，他将不得不在下午3点钟收市之前终止交易业务。

摩根说，关闭证券交易所是不能考虑的，那样做会使公众彻底丧失信心。他必须想办法为证券代理商找到资金。

由于阿姆斯特朗法案的颁布，向大型人寿保险公司借钱是不可能的了，因此摩根只好给纽约的各主要银行的总裁打电话。两点钟左右，他们都聚集到了摩根的办公室。

他说他需要借给证券交易所2500万美元，要不然就要关闭50家经纪公司。斯蒂尔曼承诺城市银行出资500万美元。几分钟后，摩根筹借到了2350万美元。

当他把这个令人松一口气的消息传到交易大厅时，送信人的上衣都被兴高采烈的人们扯下。1900万美元在半小时内就被市场分掉了，这些钱的利率从10%到60%不等。《纽约时报》报道指出："反弹一触即发。"

星期四是恐慌的第四天，随着歇斯底里情绪的扩散，全国各地的银行加快速度从纽约提走现金。珀金斯在早上4点半给杰克发的电报写道："形势看来绝望到了极点……纽约好几家银行也许撑不过明天……但是按我的理解我们现在还有机会渡过难关。"

星期五早上，摩根、贝克尔和斯蒂尔曼宣布他们将向信托公司和证券交易所投放更多的现金，但是到了中午时分活期贷款利率已猛涨到了150%。

摩根在票据交换所再次集合起了商业银行的总裁们，并在此筹集到了借给证券交易所的1000万美元，利率为25%到50%。不久他就返回了自己的办公室。

证券交易所承受住了这场灾难，并且大部分的信托公司还在继续营业。

在周末是借不到钱的，但摩根这些人并没有停下来，他们成立了一个公众关系委员会来向新闻界发布鼓舞人心的消息，还成立了一个宗教委员会以督促牧师们出面抚慰人们的情绪。

在伦敦，罗斯柴尔德勋爵对摩根"无私的救援行动"给予了高度评价。在此之前人们认为他只是一名伟大的金融家并拥有奇迹般的巨额财富因而受到尊敬，而他最近的行为使他赢得了敬仰和爱戴。

雅各布·希夫对一位英国朋友说："再没有第二个人能让所有银行携起手来为同一件事而工作，只有通过摩根的专制方法才能做到。"

星期六的报纸报道认为，将从伦敦运价值500万美元的黄金到这里，另外法国股票交易所的信心也逐渐恢复了。"我们应该相信美国金融界巨头们的努力一定能成功地战胜这次恐慌。"

资金流通问题仍然是当前纽约最大的难题，以摩根为首的三巨头下令发行1亿美元的票据交换所证明，这是一种临时性的可流通的"债券"，为的是加强现金的流通。

在那一周里，摩根每个晚上睡眠都不会超过5个小时，他乘坐星期六下午的火车前往克拉格斯顿并且几乎睡了一路。

星期天下午，摩根又回到了城里。珀金斯当晚发电报给杰克说："一周来老人家在工作中显示出的气魄超过以往任何时候，现在他到处都听到赞扬之声。相信我们已经控制了局势，除了睡觉不好以外，我们这里一切都好。"

到星期一时已经有价值2000万美元的欧洲黄金踏上运往纽约的路途，但此时银行家们并没有真正控制住局势。

就连纽约市政府也有危机了。市长乔治·B.麦克莱伦在周一下午前来拜访摩根、贝克尔和斯蒂尔曼，市政府急需发放工资和支付利息3000万美元，但此时他们也没钱可借了。

如果得不到援助，这个周末纽约市政府就会破产。三巨头组成了一个财团买下了利息为6%的市政债券，摩根把它们全都兑换成了市政府在第一国家银行和城市银行账户上的票据交换所贷款证明，纽约市政府保全了信誉。

星期二，美国钢铁公司公布的第三季度利润几乎达到了4400万美元，仅次于6月份公布的数字，他们同时还宣布拥有7600万美元的现金。加里法官直接展示了公司的实力，并希望借此缓和一下人们的"精神错乱"。

在这周剩下的日子里，筋疲力尽的摩根团队继续着他们重塑信心的努力，用现金填补银行系统中的漏洞，解决不断出自金融界的各种麻烦，以此抚慰人们脆弱的神经。

有一位银行家向华尔街23号报告说，因为所剩资金已经超出了合法限度，这让他现在非常担心。摩根冲他喊道："你的资金储备要是接近合法限度就应该为自己感到羞耻，你的储备现在不用还等到什么时候呢？"

每一天，摩根手下的人都要在图书馆集会，并发出了一条条乐观的消息，但是在11月1日星期五那天，新一轮恐慌因为一家名为摩尔—施莱德经纪公司的即将破产而一触即发。

摩根刚刚从两周的恐慌中谋得出路，他决定对将要出现的新一轮恐慌采取一些预防措施，他认为如果施莱德破产的话就会给刚开始恢复的公众信心带来新的打击。

施莱德除了拖欠波士顿、芝加哥、费城和纽约的经纪公司3500万美元债务之外，还以个人的名义借了几百万美元的资金。如果他破产的话其他金融机构也会受到连累，这样无疑会进一步刺伤公众的信心，也就无法再为岌岌可危的信托公司筹集更多的资金。

摩根设法让美国钢铁公司的经理们相信，把自己的债权换成田纳西公司（摩尔—施莱德经纪公司间接拥有该公司）股票能够避免在1907年出现更严重的危机，他们应该小心地避免更大的牺牲。

星期天傍晚，美国钢铁公司财务委员会同意以价值3000万美元的美国钢铁公司债券换取同样价值3000万美元的田纳西煤炭铁矿与铁路公司股票，股价按每股100美元计算。

施莱德接受了这个条件，他的合伙人也同意做这样的交换。

然而加利在罗斯福总统没有同意的情况下无法采取行动，他不想冒被舍曼法案制裁的风险。他在星期天晚上10点钟打电话给白宫，预约与总统在第二天上午会面，然后午夜乘火车与弗里克一起赶往华盛顿。

相继出现的两次危机持续了整整两周。三巨头为绝望中的市场找到了流动资金，他们靠苦口婆心的劝说、命令、威胁和借债筹集到了这些款项，他们不停地商讨对策，同时从他们的助手那里不断地得知最新信息，从银行家到信托公司总裁、股票经纪人和会计职员，所有人都已是筋疲力尽。

6. 铁肩担道义

11月3日星期天的整个白天和夜间的大部分时间，银行家和来自钢铁公司的人在摩根的图书馆里进进出出。对此摩根对新闻界只是说他们在讨论总的金融形势。

直到晚上9点钟，他的图书馆还有50个人仍在讨论。这些焦急等待的银行家们人人坐立不安，他们在长长的大理石走廊、摆满文艺复兴时期的青铜器以及珍稀图书的高顶大厅里走来走去。

摩根告诉那些信托公司的总裁们，自己目前正在想办法解决摩尔—施莱德公司的难题，信托公司的总裁们应该靠自己的力量设法筹集2500万美元。

信托公司的总裁们于是在图书馆西屋里谈话，图书馆正门已经锁上了，钥匙则装在摩根的口袋里，所有人只有在危机后才能离开。

摩根在4点15分走了进去对他们说，每家信托公司都必须在2500万美元的款项中承担自己的那一份。摩根的一名律师将本杰明·斯特朗起草的关于信托公司的报告大声念给大家听，然后把它放在桌子上。摩根说："先生们，你们自己看吧。"

但谁也没有动。

摩根走到了联合信托公司总裁爱德华·金的面前，把他拉到桌子边坐下，他说："金，这是你的位子，这是笔。"金在上面签了字，其他信托公司的总裁也照他的样子签了字。

以金为首的五家最大的信托公司组成了一个委员会，它将负责管理这笔贷款和拯救林肯信托公司、美洲信托公司的最后行动。图

书馆的大门在4点45分终于打开，银行家们这时才得以离开。

4小时后，加里和弗里克与罗斯福总统及鲁特一起在白宫共进早餐。他们二人简要描述了一下事情的大致情形。他们说，从纯粹的商业角度来看，他们也不想要田纳西公司，它能否给美国钢铁公司带来利益还很难说，而且这项收购也许还会引起公众对它的敌对情绪或带来反托拉斯法方面的麻烦，而这正是他们希望华盛顿帮助解决的事。

罗斯福总统也意识到了危险只是暂时缓和，还必须竭力避免后续的麻烦，他对摩根的经验非常钦佩，并且批准了合并议案。总统给司法部长起草了一份文件，文件是这样写的：

"同任何有责任的商人一样，他们为了自身利益而试图避免市场恐慌和行业灾难，他们在如此特殊时刻愿意完成交易，否则，他们会陷入一场灾难之中，因为这件事可以对人们判断纽约的形势造成极大影响，在避免发生毁灭性后果方面发挥重要作用。这一要求是由纽约最具责任心的银行家们提出的，他们现在正在积极致力于挽救局势的工作。但是他们明确表示，假如我发表声明说他们不应如此，他们也不会勉强的。我回答说我当然不会建议他们这样做，但我觉得如果我出面阻止的话就太不顾及公众利益了。"

就在股市于上午10点钟开盘后几分钟，加利从白宫给珀金斯打电话，告知罗斯福总统已经同意的消息。珀金斯把这个消息传达到了交易所，恐慌历经两周之后终于消除了。

股市的表现是自麻烦形成以来最好的一天，有关摩根图书馆彻夜会议的消息以及林肯信托公司和美洲信托公司"将受到关照"的消息开始使普通人的信心得到恢复。上百万美元的黄金从欧洲运抵纽约。

11月5日，星期二，城里的主要银行家和实业家们再次在摩根的图书馆聚集。到了上午11点半时，从麦迪逊广场一直到中央公园，马车和汽车停满整个第36大街。会议维持了一整天，直到深夜还未结束。

直到凌晨3点钟，爱德华·金签发了一份声明：美洲信托公司和林肯信托公司将全额偿还债主的借款，并将从此开始接受一个由5位托管人组成的委员会控制。

珀金斯后来回忆说，星期三股价一开盘就轻松上扬，"好转的趋势已经出现……所有关于破产或暴跌的谈论都停了下来。"

第一批价值700万美元的黄金从欧洲运到了这里，这些黄金开始使资金短缺的局面得以缓解。美国钢铁公司董事会批准了收购田纳西公司的计划，在接下来的几天内，以美国钢铁公司债券兑换田纳西公司股票的工作减轻了银行、经纪人、市场和格兰特·施莱德身上的压力。

施莱德可以用这些债券来付清他个人的1200万美元债务，他的公司也可以用这批债券来向银行借贷。珀金斯还提及到，罗斯福当局目前也在努力做一些力所能及的事情。

11月14日，因卷入铜矿股票投机而引发这场恐慌的纽约人信托公司前任总裁查尔斯·巴尼自杀身亡。

伯纳德·贝伦森在写给加德纳夫人的信中说："摩根拯救岌岌可危的金融市场的行为，可以和齐奥托画的圣弗朗西斯用肩膀撑住倒塌下来的教堂的情景相媲美。"

第十一章 魂断罗马

1. 临终的遗言

1912年12月，星期三，这天下午，摩根的到来打破了国会会议厅的宁静。出席这次国会听证会的人有政治家、律师、职员、记者，大家都放下手中的工作，静静看着这位75岁的老人走向了大厅中央的座位。

摩根是来接受众议院银行货币委员会主席普若所举办的"金钱托拉斯听证会"调查的。

挤得水泄不通的听证会上，面对着林立的相机和成堆的记者，摩根神态自若，仪态威严地坐在证人席上。

听证会上挂着J.P.摩根公司如何借助董事连锁，控制银行及保险公司的图解。从主席普若开始，5名委员陆续发出询问。

在第一天里，摩根从全部事业伙伴及业务内容开始作初步说明，极有耐心，详细解说了曾经成为金融业务代理的全部铁路及各企业与摩根公司的关系，对于各企业与个人的银行及信托公司的存款金额，他依据准备好的备忘录毫无保留地作了公开。

这种形式的作证，J.P.摩根公司所有年轻合伙人都可以做到，但是，面临关键性问题时，只有摩根本人才能做出辩辞。

"信用"，这就是沙特利日记所谓的重大证词！它就如同摩根的基本哲学，相当于一般人对于金钱的信赖。摩根及证券交易所在给予顾客的清算交易上，一般用习惯的信用来取代抵押，这也许已内化为摩根自己基本的人生哲学。

"我认识相当多的商人，如果觉得对这些人的信用没有疑问的话，无论多少都可以贷到，这种人不计其数。"摩根缓缓地说。

"你是说可偿还贷款的那种信用吧？"普若尖锐地指责道。因为他认定摩根的信用贷款与清算交易是造成经济恐慌的原因，所以他不能理解摩根的真实意思。

"不！是那种人相信人的信用，先生！"

"请问，你是不是说谁都可以相信，不管他有钱没钱？"

"对！"

"即便他一文不名？"

"是的，许多身无分文的人到我的办公室来过，我可以当场开给他一张百万元的支票，如果我信得过他！"

"难道商业信用不依赖金钱与财产吗？"

"除了金钱财产不是还有人格吗？"

"哪一项最重要？"

"当然是人格！金钱买不到的人格。"

"难道在交易所你也如此吗？"

"是的！我贷款给有人格的人！"

第二天，伦敦各个报刊推出大标题：

"摩根信条——人格是信用的基础！"

在结束冗长而令人乏味的调查后，1913年1月7日，被普若听证会弄得疲惫不堪的摩根，乘亚得里亚号前往开罗，就在出发前他悄悄立下遗言：

"把我埋在哈特福德，葬礼则在纽约的圣·乔治教堂举行。不要演说，也不要人给我吊丧，我只希望静静地听黑人歌手亨利·巴雷独唱。"

2. 死亡之旅

死亡之旅中，长女露易莎和她的丈夫沙特利始终陪在身边，主治医师也因为病情的关系随同前往。

2月7日，船到达开罗，但摩根在开罗期间体力迅速下降退。于是，又从那不勒斯来到罗马。下榻后，沙特利马上打电报到纽约："摩根病危。"

3月27日起床后他没有进食，28日记忆开始模糊，神志不清，医生从苏兰多赶来。偶尔他清醒过来，就命令经巴黎返回伦敦。

30日，他乘上了特别列车。这天晚上，大女儿露易莎守候在父亲床前。老人醒过来已不知身在何处，断断续续地讲着儿时的友人和他在哈特福德度过的少年时代。

"啊，我现在要爬上山喽！"华尔街的丘比特与世长辞时说了最后一句话。

或许他已返回了奥林匹斯山——那众神居住的地方。

依照他的遗嘱，遗体运回纽约，在圣·乔治教堂举行葬礼。

同一天，列车将他的遗体带回他的故乡哈特福德。在他出生的那幢房子门前走过，埋葬在家族墓地。为了表示哀悼，他出生的公寓里也降着半旗。

报刊公布的遗产数目令人惊奇，这位华尔街的统治者，足足可以影响半个地球经济的伟人，居然只有8000多万美元的遗产。

遗产金额之小出乎人们料想。不动产总额为6600万美元，继承遗产（银行账款个人名义的股票等）为2000万美元。

遗产是这样分配的："长子小摩根分得230万美元，3个女儿各继承100万美元，遗孀弗兰西斯100万美元，余下的作为信托基金年金由弗兰西斯保管，每年支付给所有的用人。"

这个丘比特几乎没有遗留个人财产，父子两代苦心积聚的庞大遗产并没有置于第三代小摩根继承的摩根公司中。

它们已经深深扎入华尔街的泥土中，成为美国资本主义的坚实基石！

而摩根家族这棵大树便在这基石四周放出夺目的光芒！

此时世界的金融中心已从伦敦转移到纽约，英镑开始屈服于美元，交换金额或资本金额的比重也已发生完全转移。

一战结束后，伴随着美国成为世界上最大的债权国，企业合并的浪潮又高涨起来。到1923年，这种浪潮更迅猛推进，在世界大恐慌开始的第一年（1929年），摩根体系金融资本又是怎么分配的呢？

摩根家族系包括银行家信托公司、保证信托公司、第一国家银行总资本34亿美元。

摩根同盟总资本约48亿美元，由国家城市银行、契约国家银行构成，摩根同盟与摩根家族被总称为摩根联盟。

摩根联盟中以摩根公司为轴，进行董事连锁领导，5大金融资本以下超过20万的主力金融机构互相联结，这样就构成了结构庞大、组织严密的"摩根体系"。

这一金融集团占有全美金融资本33%，总值至200亿美元。还有125亿美元保险资本，占全美保险业的65%。

生产业方面，全美35家主力企业中有摩根公司的47名董事，包括US 钢铁、GM（通用汽车公司）、肯尼格特制铜公司、德州海湾硫磺公司、大陆石油公司、GE（奇异电器）等。

摩根公司在铁路上的渗入已是人尽皆知了，同时，服务业方面它还拥有联合公司，ITT（国际电话电信公司）、全美电缆、邮政电缆、A.T.T（美国电话电信公司）等。

摩根同盟的两大银行——国家城市银行和契约银行有510亿美元总资产，它们属下的亚那科达铜山、美国香芋、古巴及美国的砂糖、西屋电气、联合金属碳化物等主要托拉斯企业也属于摩根联盟。

上述所有相加，合计所有总资产扣除重复部分，大恐慌前的摩根体系拥有740亿美元总资本，相当于全美所有企业资本的1／4。

167名董事从摩根公司走出来，控制着整个摩根体系，贯彻着"华尔街指令"，确立着可以令白宫颤抖的霸业。

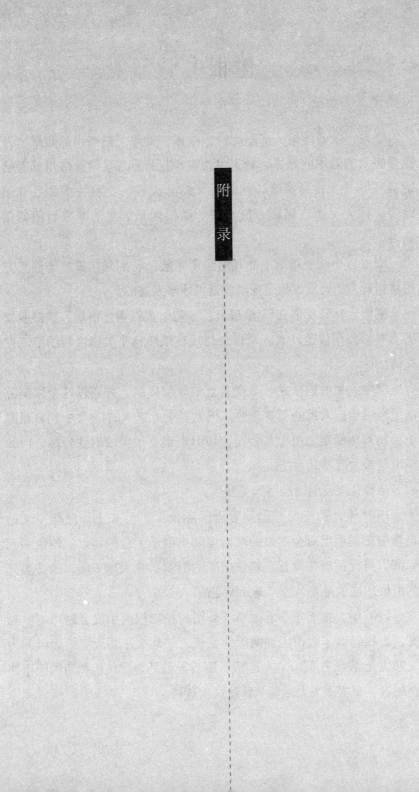

附 录

摩根生平

摩根，全名约翰·皮尔庞特·摩根。他除了是杰出的金融家，还是伟大的艺术收藏家。1837年4月出生于美国康涅狄格州首府哈特福德城一个富商家庭，他的祖父约瑟夫移居至哈特福德后开始经商，他的父亲吉诺斯·斯宾塞·摩根则是著名的摩根财团的创立人。

摩根自小就展现出了非凡的经商才能，特别是在投机方面具有超常判断力，可以说他是凭借着投机才华发迹的。

摩根于1862年创立J.P.摩根公司，通过操纵黄金市场、铁路股权买卖等，公司快速壮大。摩根公司现在依然稳坐美国银行的第二把交椅。

摩根大量收购铁路，贯彻自己的摩根体制，并通过这个体制控制了当时美国大批的工矿企业，把全美企业资本的1/4集中到自己麾下。1892年组建通用电气公司，1901年创立了美国钢铁公司，1902年组建跨大西洋航运托拉斯。

他曾几度使美国经济起死回生。

1895年，他提出"国库管理国际化"，后来主张民粹主义的农场主在发起反对金本位的政治运动中继承了他的观点。他组织了6200万美元的债券发行，堵住国库的漏洞，并入市干涉，抬升美元的汇价，这就是著名的"美元保卫战"。

1907年，由于争夺北太平洋公司的控制权而引发金融市场的恐慌，直接导致了股市为期两周的疯狂，"北太平洋股"短短时间内从96美元/股飙升至1000美元/股，眼看无数的金融机构和纽约股市即将崩盘，摩根注入大量资金解救这次危机。

1907年，大恐慌导致美国经济即将崩溃，连当时总统罗斯福也束手无策，不得不求救于摩根，摩根再度力挽狂澜。

在这几次事件中，摩根发挥的作用相当于美国中央银行行长（当时这个职位并不存在）。

作为一名伟大的艺术收藏家，曾于1904年担任大都会博物馆董事会主席。截至1912年，他共花费了6000万美元（相当于现在的10亿美元）购买收藏品。

1912年，美国国会开始调查某些指控：摩根财团涉嫌故意控制美国的财政，75岁的摩根只好出庭接受国会委员会的询问。

1913年3月摩根于意大利罗马去世。此后，再无人对美国经济产生过如此重要的影响。

摩根年表

1837年4月17日，出生于康涅狄格州哈特福德市。

1846年秋，到切希尔的圣公会教会学校读书。

1846年底，到哈特福德郊外的帕维林家庭寄宿学校读书。

1848年秋，在哈特福德公立中学读书。

1851年2月，到切希尔的圣公会教会学校读书。

1851年8月，移居波士顿。

1851年9月，到波士顿英语中学读书。

1852年11月19日，因病乘坐"爱奥号"到亚述尔群岛的费亚尔岛休养。

1853年4月23日，乘坐"大西方号"到伦敦。

1853年5月底，和父母一起前往欧洲大陆。

1853年7月，返回波士顿继续读书。

1854年，因父亲与皮博迪公司合作，全家到欧洲。

1854年11月，到瑞士维卫的贝勒利乌学校。

1856年4月，到德国汉诺威南部的哥廷根大学。

1857年7月，返回华尔街在邓肯—舍曼公司当一名不领薪水的办事员。

1859年9月，离开邓肯—舍曼公司。

1861年夏，霍尔卡宾枪事件。

1861年10月7日，与阿米尼亚结婚。

1862年2月17日，阿米尼亚去世。

1862年9月，J.P.摩根公司成立。

1863年，操作黄金市场。

1865年5月31日，与弗兰西斯结婚。

1869年9月，A-S铁路之争。

1871年7月1日，德雷克塞尔-摩根公司合并成立。

1873年初，德雷克塞尔—摩根公司大楼在华尔街23号落成。

1873年秋，美国经济大萧条。

1877年—1878年，金银本位之争。

1879年5月，组成摩根银行与第一国家银行的"辛迪加"。

1892年，通用电气公司成立。

1901年，太平洋铁路股票风波。

1901年6月，合并成立美国钢铁公司。

1902年4月，组建跨大西洋航运托拉斯（6月正式命名为国际商业航运公司IMM）；担任大都会博物馆董事会主席。

1907年，拯救大恐慌。

1912年12月，在国会上接受普若委员会调查询问。

1913年3月31日，病逝于意大利罗马。